宇津木式
スキンケア事典

化粧品を
やめると、肌は
よみがえる

クリニック宇津木流院長
宇津木 龍一

化粧品をやめることの効用は、次の12にもおよびます。

1. 肌が乾燥しにくくなる
2. 肌がふっくらしてくる
3. キメが細かく整う
4. テカらなくなる
5. くすみやシミが薄くなる
6. 肌が白くなる
7. 色ムラがなくなる
8. 赤ら顔がなおる
9. 毛穴が目立たなくなる
10. 小ジワが目立たなくなる
11. 目の下のクマが薄くなる
12. ニキビが減ったり、人によってはできなくなる

肌にはみずから潤う天然の保湿力がそなわっています。
その保湿力はどれほど高価なクリームでも
まったく太刀打ちできないほどすぐれたものです。

この天然の保湿力を最大限守るために、
基礎化粧品によるケアをすべて断つのが、
宇津木式スキンケア法です。
原則的には、水で洗うだけ。よけいなことはいっさいしません。

宇津木式スキンケア法の具体的な方法

1
化粧水、美容液、乳液、
クリームなどの基礎化粧品は、
いっさいつけません。

2
朝晩ともに、顔は
「ぬるま水」※だけで洗います。

3
クレンジングはいつ、
いかなる場合も使いません。

4
ファンデーションはつけません。
どうしてもつけたいなら、
パウダータイプにします。
でも、それもできるだけ早く
やめてください。

5
特別の日にはリキッドやクリームの
ファンデーションをつけてもかまいません。
でも、それを落とすのにクレンジングは
使わず、純せっけんで泡洗顔します。

6
肌の乾燥が気になるときのみ、
ごく少量の白色ワセリンを
押しづけします。

7
アイメークや口紅などの
ポイントメークはしてもかまいません。

※「ぬるま水」：ぬるま湯よりも低い温度の（34度以下）の水

肌には旺盛なる再生力がそなわっています。
長期間、熱心にスキンケアをおこない、
肌にダメージを与えてきた女性でも、
宇津木式スキンケア法によって、
かならず美肌をとりもどす日はきます。

はじめに

2年まえに出版された『「肌」の悩みがすべて消えるたった1つの方法』で、私は基礎化粧品をいっさい使わずに、水で洗うだけのケア法、「宇津木式スキンケア法」を提唱しました。その方法はネット上で大きな反響を呼び、本のネット販売サイトには多くのコメントが寄せられました。その多くが、乾燥しなくなった、ふっくらしてきた、毛穴が目立たなくなった、といった喜びと驚きの声でした。

10年以上提唱しつづけてきたスキンケア理論が、ここへきて受けいれられつつあることを実感した私は大いに勇気づけられ、私を信じて実行して下さっているたくさんの読者には、感謝の気持ちでいっぱいになりました。

しかし、そのいっぽうで、無力さと責任も感じています。宇津木式を実行しても、化粧品依存症によって、すぐにはやめることができない人がたくさんいるのです。

また、今なお大多数の女性たちが、肌に良いと信じて、日々、化粧水や美容液、クリーム、クレンジングなどでせっせとケアをおこない、かえって重症の乾燥肌や敏感肌におちいっています。化粧品が肌に害になっている人には、その化粧品を断ちさえすれば、肌がよみがえることをひとりでも多くの女性に知っていただきたい……。その一心からいま一度、ペンを執りました。

『「肌」の悩みがすべて消えるたった1つの方法』の出版から2年あまりがたちます。その間に読者から学んだことや、説明不足だった部分を加筆しました。また、私のメールや、編集部には読者の方々からさまざまな質問が届いています。素朴な疑問から深刻な悩みまで、それら「生の声」に答える形で、Q&Aの章ももうけました。

本書は宇津木式スキンケア法の集大成、といえる1冊になったと自負しております。ひとりでも多くの方に読んでいただければ幸甚です。

宇津木龍一

2014年2月12日

第2章 化粧品をやめると、肌の12の悩みが解消する 67

第5章　さらに美しくなるための基本習慣

カバー・本文イラスト　毛利みき
ブックデザイン　伊地知明子

第1章

「スキンケア常識」の99%は間違い

×たっぷりの化粧水で肌に水分補給ができます。

○化粧水は肌に「水害」をおよぼします。

水を拭きたくなるのは本能の叫び

「肌を潤わせるには水分を補給する必要があり、そのためには、化粧水を惜しまずたっぷりとつけましょう」などとよくいわれています。しかし、化粧水の90%以上が水です。そして、水は保湿効果がないばかりか、皮膚表面のバリアをこわします。

もし水に肌を潤す効果が本当にあるなら、私は皆さんにこうすすめるでしょう。

「洗顔後すぐに水を拭《ふ》きとるのはもったいないので、肌が水分を十分吸収するまで少なくとも2〜3分は待ちましょう。待っている間も乾かないように水をときどき補ったほうがいいでしょう」

しかし、そのような美容法は、世界中探してもないでしょうし、洗顔後に肌に水をつけたまま、その水が皮膚に浸透するのを待つという習慣は日常の生活でも決してみることはありません。

ここで、簡単な実験です。洗顔後、わざと水分を残して拭いてみます。すると、なんとも気持ちが悪くて、もう一度、きちんと拭きとりたくなるはずです。こんな簡単なことからも、人は無意識のうちに、水分をできるだけ完全に拭きとっていることに気づくでしょう。

人は、肌に水がつくことをひどく嫌う生き物であり、少しの水が残っているだけでも本能はそれを許せません。本能は、水が肌の保湿バリアをこわすものであり、避けるべきものであることを、無意識に感じとっているのです。

あなたはこの実験で、「水分が肌の上についたままにしておくのはいや」という本能のわずかな名残、叫びを感じることができたでしょうか。

蒸発時、角層に亀裂と隙間が！

水が肌をこわすことは、本能の叫びに耳を傾ければわかります。しかし、本能論だけでは納得しない人も多いと思いますので、簡単に説明させてください。

皮膚は角層といわれる組織に包まれ、守られています。角層は角質細胞という死んだ細胞が重なりあった組織で、厚みは０・０２㎜ほどしかありません。

その角層は、角質細胞が10層ほど重なりあい、その隙間を細胞間脂質という脂性の物質が満たすことで、丈夫でしなやかな「膜」となって、皮膚の表面をラップのようにおおい、肌を守るバリアとして働いています。つまり、角層というごく薄い膜が、肌を包んで守る「保湿膜」として機能しているのです。

ところが、化粧水という水を肌につけると、その水が蒸発するときに、この膜がこわされてしまいます。そして、肌についた水は短時間のうちにかならず蒸発します。たとえクリームなどをつけても蒸発は止められません。

では、肌につけた水が蒸発するときに、なぜ、角層はこわされるのでしょう。

たとえば、辞書の紙は、扁平《へんぺい》で、ぴったりと重なりあっていますから、紙の間には隙間がありません。しかし、ぬらして、乾かしたらどうなるでしょう。紙がばらばらに波うって、隙間だらけになってしまいます。

同様のことが皮膚表面でも起きます。角層は角質細胞という「紙」を細胞間脂質なる糊《のり》で貼りあわせたような構造になっていて、これに水をかければ、角層表面の紙（細胞）は水を吸いますが、その水はじきに蒸発して紙は変形し、もはやきれいな膜の構造が保てなくなるというイメージです。実際、皮膚の表面につけた水が蒸発して乾いたときには、膜は収縮して変形し、そのため、膜にでこぼこやひずみが生じて隙間ができたり、細胞間に亀裂《きれつ》ができたりします。これらの隙間や亀裂からは、皮膚の内部の水分がどんどん蒸発していきますので、肌は当然、乾燥するわけです。

化粧水をコットンに含ませて、顔全体に貼りつけ10分ほどそのままにしておく、ローションパックなるケア法は女性たちの間でかなり浸透しているそうです。

しかしながら、一定時間、肌を水びたしにするわけですから、ただ化粧水をつけるよりも角層はさらに大きなダメージを受け、肌はいっそうはげしく乾燥することになります。

保湿化粧水、じつは「乾燥化粧水」

「化粧水の90％以上はただの水かもしれないけれど、化粧水にはすぐれた保湿成分が含まれているのだから、肌を潤わせる力があるはず」と思われるかもしれません。

化粧水に配合されている保湿成分といえば、代表的なものが、コラーゲンやヒアルロン酸でしょう。これらは私たちの皮膚にも存在し、肌に潤いを与えている物質ですので、イメージも悪くありません。ところが、コラーゲンやヒアルロン酸をたくさん配合した化粧水をつけると、肌はますます乾燥します。

コラーゲンもヒアルロン酸も、塊のままでは化粧水に入れてもとけないので、こまかな粉末にしてから混ぜることになります。粉末を混ぜいれると、ちょうど片栗粉を水でといたときのようにとろみが出ます。

このとろみのおかげで肌が潤った気がするのです。ところが、とろみのせいで、厚くつけると、化粧水の水分が蒸発するまでに時間がかかってしまい、肌は長時間、「水害」にさらされることになります。また、薄くつけると、速やかに水は蒸発して、皮膚の表面に残った粉末のせいでやはり、肌はますます乾燥します。

粉末には水分を吸収する性質があり、粉末が皮膚表面につくと、その分、水分を吸収する力も、蒸散する作用も大きくなります。化粧水の水分は遅かれ早かれ蒸発しますが、水分が蒸発したあとも、コラーゲン、ヒアルロン酸の粉末は肌にとどまりつづけ、肌の水分を吸収して外気に蒸散し、肌を乾燥させつづけるのです。

保湿化粧水は、実際には「乾燥化粧水」というべき代物なのです。

最近の化粧水はさらに皮膚に悪い商品へと「進化」しているようです。界面活性剤などを含んで美容液と区別がつきにくくなっています。油にもよくなじむ界面活性剤を加えることで、のびや肌なじみがよく、つけ心地もよく感じるのです。

しかし、界面活性剤の混入によって、まったく保湿効果がないまま、保湿膜をこわす力だけをパワーアップしているのです。今の化粧水をみていると、商品開発のコンセプトとして、バリアをこわすデメリットは完全に無視し、つけ心地さえよければよいという、明らかに間違った方向に向かっているように思えます。

「進化した化粧水」には界面活性剤のほかにも、たいていさまざまな有効成分なるものが入っています。このような化粧水でローションパックをするのは、古いタイプの化粧水よりもさらに肌を傷めることは、火をみるよりも明らかです。

洗顔後に、水分が顔に少しでも残っているのがいやで、完全に拭きとろうとするにもかかわらず、「化粧水には保湿効果がある」と何度も教えられているうちに、顔に化粧水という水分が残っていても、もはや不快に感じなくなってしまいます。むしろ、美肌のためによいと思うと、心地よく感じられるようにすらなります。

そして、毎日、洗顔後、化粧水をつけているうちに、つけずにはいられなくなります。つけないと、肌がつっぱって、ばりばりになってしまうためで、じつは、そのような状態になること自体が異常なのです。けれど、異常を異常とも感じないまま、つけると少しましになる症状を求めてつけつづけます。この状態を、化粧品中毒、または化粧品依存症と私は診断します。この状態から逃れる方法、それは化粧品をやめることです。

×クリームで「蓋《ふた》」をして、潤いを閉じこめましょう。
○皮脂にもクリームにも保湿力はありません。

角層の2層構造こそが保湿の主役

肌の表面では皮脂が汗と混ざりあって皮脂膜がつくられ、これが「天然のクリーム」として肌を潤わせ、乾燥から守っている、などといまだに説いているのをみかけますが、皮脂膜が皮膚の保湿にほとんど役立っていないことは、すでに明らかになっています。そのことを理解していただくために、ここで皮膚の基本的な構造とバリア機能についてふれなければなりません。

顔の皮膚は表皮と真皮の2層構造になっています。このうち、重要なバリア機能を担っているのが表皮です。真皮はその表皮を養い、維持しています。真皮には多く血管が走っていますが、表皮には血管がありません。真皮は表皮に栄養を与えたり、また、薄くて弱い表皮が切れたり、引きのばされないように補強もしています。

表皮は角層、顆粒《かりゅう》層、有棘《ゆうきょく》層、基底層の4層からなっていますが、スキンケアで重要なのは、いちばん外側をおおっている角層です。顆粒層、有棘層、基底層の3層は、いわば角層の「製造過程」です。

すでにふれたように、角層では角質細胞が10層ほどびっしりと重なりあい、その隙間を細胞間脂質という脂性の物質が満たしています。角質細胞はアミノ酸が主体の水溶性で、細胞間脂質はセラミドを主体とした脂溶性です。角層は水溶性の角質細胞と油溶性の細胞間脂質とが交互に積み重なって丈夫で、しなやかな膜をつくっています。この膜こそが皮膚にとって最強無二の保湿バリア膜なのです。

さらに、細胞間脂質の中は、水、油、水、油、という形で水と油の層が交互に幾重にも重なっています。細胞間脂質の中もまた、異なる2種類の材料によって膜が形成されているのです。

角質細胞と細胞間脂質という2層構造と、そして、細胞間脂質の中の「水＋油」の膜という2層構造、つまり、角層におけるダブルの2層構造が肌を潤わせながら、皮膚を守る強力なバリアとして機能しているのです。

保湿の主役は決して、皮脂と汗が混ざりあってできた皮脂膜ではなく、ダブルの

表皮の構造

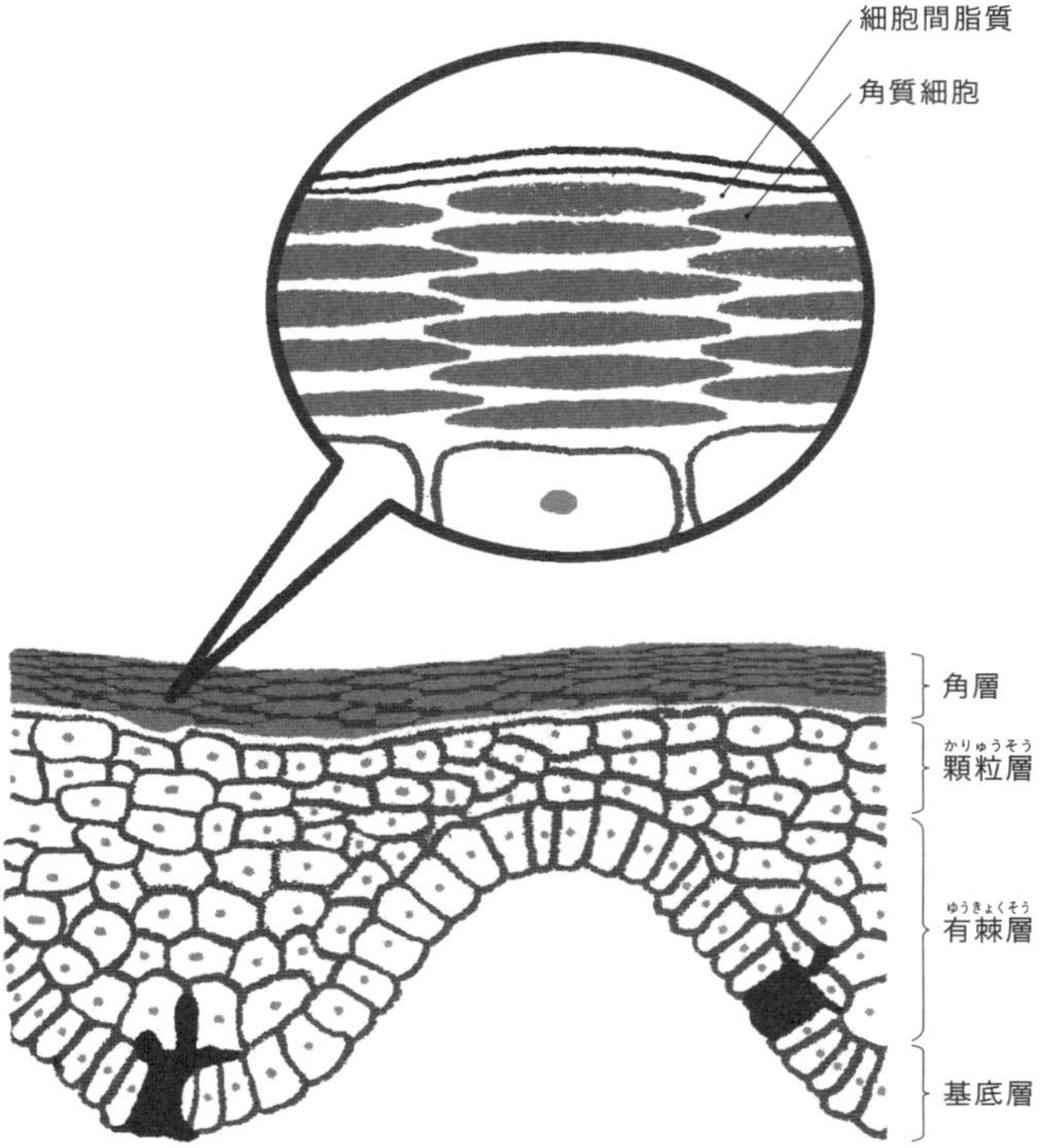

２層構造をしたラップ様の角層にあるのです。

このようなすぐれた保湿力とバリア機能は、人工的にはいまだにつくりだせずにいます。「代用品」をつくれない以上、すばらしい構造をした角層を傷つけずに守りとおすことを、スキンケアの第一の目標に据える必要がありますし、それ以外に美肌を保つ方法はないのです。

クリームの界面活性効果が保湿バリアを破壊

皮脂膜にほとんど保湿力がないことが判明した現在、「洗顔によって落ちた皮脂膜をクリームで補えば、肌は潤う」という理論は成立しなくなりました。クリームはほとんど保湿力のない皮脂膜の「代用品」ですから、そのようなものをいくらつけても、肌を潤わせることはできません。

肌を潤わせることができないだけならまだしも、クリームは肌に多大なダメージを与えます。その大きさは化粧水の比ではありません。クリームはそれ自体が水も油も溶かす界面活性剤ですから、角層のバリアそのものを強力に破壊するのです。

肌の保湿を一手に担い、バリアとして機能しているのが、角層の2層構造でした。界面活性剤そのものであるクリームは、細胞間脂質も角質細胞膜も溶かし、もう1層の、細胞間脂質内の水油膜も溶かして、角層バリアの2層構造自体をこわすのです。

このような状態になったら、角層はもはやバリアとして機能できません。バリアを失った肌からは水分が蒸発し放題ですから、肌はひどく乾燥し、干からびていきます。

皮膚科では、薬をクリームに混ぜて使います。クリームならバリアを確実にこわして薬を患部に届けられるからです。医師はバリアをこわすマイナス面よりも、薬を届けるプラス面のほうがまさっていると判断したときにのみクリーム基剤の軟膏《なんこう》を使います。

そのような肌のバリアをこわす効果が強いクリームを健康な肌に毎日、わざわざすりこむ行為が、保湿ケアやスキンケアとしてまかりとおっている現状は大問題だと私は考えています。

なお、美容液や乳液、クレンジングにも、日焼け止めにも、界面活性剤が使われていますので、それらをもちいると、同様に角層のバリアをこわすことになります。

「有効成分」がシミ、くすみの原因になる

クリームがバリアをこわすことが理解できた人も、肌にハリや弾力をもたらす、美白に効く、潤いを与える、などという有効成分にはつい期待してしまうかもしれません。でも、有効成分なるものは実際には、クリームに含まれている防腐剤や油とともに、シミをつくる原因になります。

界面活性剤、油、そして、有効成分は毛穴やひび割れから少しずつ皮膚へ浸透していき、中には酸化して有害な酸化物に変わるものもあります。組織はこれを異物

とみなし、炎症を起こします。

皮膚には「赤い部分は、茶色くなる」という法則があります。毛穴などに炎症を起こして赤くなる症状をくりかえすうちに慢性化すると、メラニンが増えて、茶色くなります（色素沈着といいます）。このような状態が長年続けば、肌はくすみ、シミもできやすくなるのです。

クリームで熱心にケアをしてきた女性の皮膚をマイクロスコープでみると、ほぼ全員の毛穴に炎症があり、ひどい人では表皮の下の真皮のコラーゲンまで溶けて穴が開いて毛穴が大きなクレーターのように陥没していたりします。

炎症がひどければ、化粧品を疑って、つけるのをやめることもできるでしょう。けれど、多くの場合、炎症は毛穴だけなので、気づかないまま使いつづけてしまいます。すると、炎症が慢性化して、やがてシミやくすみとなって現れるのです。

「有効成分が角層の深部まで浸透する」といった宣伝文句を耳にしたら、界面活性剤や油とともに有効成分が皮膚の中に浸透していって、炎症を起こす様子をイメージしてください。

いい肌は「しっとり」ではなく「サラサラ」

化粧水をつけた上から乳液や美容液、クリームをぬると、肌はしっとりします。しっとりした状態こそが皮膚の新陳代謝を低下させるのです。

皮膚の細胞は表皮のいちばん下の基底層で生まれ、約28日かけて成熟しながら表面まであがってきて、最後は垢《あか》となってはがれおちます。ひとつの細胞がはがれおちたとき、その情報が基底層へ伝えられ、それをきっかけに新しい細胞がひとつ生まれます。つまり、ひとつはがれることで、ひとつ生まれる新陳代謝をくりかえすことで、肌はいつもデコボコのない平らで、フレッシュな状態に保たれています。

皮膚の新陳代謝で大切なのは、古い細胞がスムーズにはがれおちること。はがれおちないことには、新しい細胞が生まれないのですから。そして、はがれおちるためには、肌の表面は多少とも乾燥していることが重要です。表面がベタベタしていたら、古い角質は肌にくっついたまま、いつまでもはがれてくれません。

古い細胞がくっついたまま居座りつづけると、どうなるか。角層が厚く、ゴワゴワして、肌の透明感が失われます。そのいっぽうで、表皮としては、新しい細胞がつくられないので薄くなり、表皮下の色や、色素沈着、毛細血管などが透けてみえやすくなるため、色ムラがひどくなります。

また、古い細胞が居座りつづけて新しい細胞が再生されなくなると、キメが粗くなったり、キメの凹凸がなくなって扁平になり、テカリの強い肌になります。

このように表皮の細胞が少なくなって表皮層が薄くなると、それにともなって真皮のコラーゲンも少なくなるので、皮膚全体が薄くなり、ハリがなくなり、シワができやすくなって皮膚の老化が急速に進みます。こうなると、スッピンで外に出ることができなくなり、かたときもファンデーションが手放せなくなります。ファンデーションにも界面活性剤が含まれていることはいうまでもありません。

もうおわかりですね。しっとりした肌こそ理想、とはとてもいえないのです。

しっとりした肌が美しい、と何回も何回も聞かされているうちにすっかり洗脳されてしまい、せっせとクリームなどで手入れをしている方が大半でしょう。けれど、くりかえしますが、皮膚の新陳代謝のためには、古い細胞がはがれやすくなければならず、そのためには、肌の表面は多少とも乾燥気味のほうがよいのです。

つまり、肌は「しっとり」ではなく、「サラサラ」であるべきです。

「植物成分が肌にやさしい」とは限らない

ホホバオイル、スクワランオイル、馬油などの天然のオイルには界面活性剤が入っていないので、安心して使っている方も多いようです。たしかに、界面活性剤を含んでいない分、クリームやクレンジングよりもずっと安全でしょう。

ただし、長年使いつづけると心配なのが、肌が黒ずむ「オイル焼け」です。オイルは時間がたてば酸化し、有害な過酸化脂質に変わります。過酸化脂質は肌にとっては刺激物質ですから、炎症が起き、それが慢性化すると、メラニンが増えてきます。

しかも、オイルで肌をベタベタにすれば、角質細胞がはがれづらくなり、そのせいで基底層では新しい細胞がスムーズに生まれません。このような状態をくりかえすうちに、やがて皮膚が極端に薄くなっていくのです。

薄い皮膚からは、オイルで増えたメラニンとともに、中の表情筋や血管も透けるために、肌が黒ずんでみえます。これがオイル焼けです。皮膚にオイルを塗ることの弊害は、保湿バリアの要である細胞間脂質に溶け込んで、不純物となり細胞間脂質本来の機能がかえって低下することにあります。特に、長期間塗り続けると、その可能性が高くなります。

また、植物成分からできている化粧品は肌にやさしいというイメージがあります。しかし、植物は動けないかわりに、自分の身を守るためにさまざまな「毒」を含んでいます。ウルシによるかぶれなどはその最たるものですし、美しい紫色の花を咲かせるトリカブトは、人を殺す猛毒を仕込んでいるほど。そこまでいかなくても、植物の成分によってアレルギーを起こす人は少なくありません。

天然だから、植物性だから、肌にやさしいとは限らないのです。

×紫外線は百害あって一利なし。浴びないように徹底的にガードしましょう。
○紫外線の徹底排除は骨粗鬆症《こつそしょうしょう》や免疫力低下、そして、「極端な老け顔」の原因になります。

1日5～10分は日の光をしっかり浴びる

メラニンを増やしてシミをつくり、肌をくすませ、真皮のコラーゲンを傷つけてシワやたるみをもたらす――。「肌の老化の元凶」などといわれ、目の敵にされてきたのが紫外線です。そして、紫外線のこの恐怖イメージにひと役かっているのが、オーストラリアの白人の皮膚ガン発症率が世界一高いというデータではないかと思います。オーストラリアの白人は、北国であるイギリスからの移民ですので、元来、日光には大変弱い皮膚をしています。しかも、オーストラリアは近年、オゾン層の破壊が進んでいる地域として有名です。そのような特殊な事情があって、皮膚ガンが多く発生していると考えられています。

このような特殊な情報を日本人にもあてはめて考えることは、まったく医学的ではありません。日本人が皮膚ガンになる割合は、オーストラリアの100分の1ほど。日本人の場合、皮膚ガンのリスクは白人に比べてきわめて低いのです。

また、メラニンは紫外線が皮膚の奥へ入りこむことを防ぐ「天然の日焼け止め」。日本人は黄色人種で、このメラニンを白人よりも多く持っていますので、紫外線を少々浴びても、肌へのダメージはそれほど大きくありません。皮膚が健康なら秋から冬には、肌は白く戻ります。

太陽光線には有害な紫外線ばかりではなく、健康に必要な光線や、シミを治療するレーザーと同じ波長の光も含まれています。健康のためにも、美しい肌のためにも、太陽の光を適度に浴びるべきです。1日に合計5〜10分ほど太陽をしっかり浴びることは、健康と美容のための必須条件だと考えてください。

骨粗鬆症は顔を骨ごと縮ませる

最近の女性は顔だけでなく腕や手や脚にも日焼け止めをぬり、アームプロテクターまでつけて、徹底的に紫外線を排除しています。これは問題です。最大の問題がビタミンD不足におちいることです。

ビタミンDは骨をつくる大切な栄養素で、そのビタミンDは紫外線にあたることでつくられます。したがって、紫外線をシャットアウトしすぎると、将来、骨粗鬆症にかかりやすくなります。日本人はとくにメラニンが白人より多いので、同じ量の紫外線を浴びてもビタミンDがつくられにくく、骨粗鬆症にかかりやすいのです。

しかも、女性は閉経にともない、女性ホルモンが減少するために体内のカルシウム量も減少します。紫外線を排除してきたせいで、カルシウムだけでなくビタミンDまで不足していれば、骨粗鬆症にかかるリスクはいっそう高まります。

骨粗鬆症とは骨量が減って、骨がもろくなる老化変化であり、病気です。骨粗鬆症の人がくしゃみをしただけで、ろっ骨が折れた、などという話を聞いたことがあるでしょう。それだけでなく、骨粗鬆症は顔を一気に老けさせます。骨粗鬆症の人の顔は、骨ごと縮みますから、悲惨な老け顔になってしまう可能性があるのです。

ビタミンDは最近では「長寿ホルモン」として注目されています。ビタミンDに免疫力をアップさせる高い効果があることがわかっています。

つまり、今日の日本女性のように紫外線を徹底的にシャットアウトしていると、ビタミンD不足から免疫力が落ちて、全身的な老化が進み、ガンなどの病気にもかかりやすくなるわけです。将来、くしゃくしゃの老け顔になりたくなかったら、簡単に骨折したくなかったら、そして、ガンなどの病気にかかるリスクを減らしたかったら、紫外線を必要以上に怖がらないで、適度に、日光にあたることです。

「連続15分」以下なら日焼け止めはつけない

紫外線対策のもうひとつの問題が日焼け止めです。日焼け止めの基剤（紫外線遮断剤を溶かしている物質）はクリームです。クリームは界面活性剤そのものですから、皮膚のバリア機能を破壊して肌を乾燥させ、シワをつくりますし、炎症を起こさせてシミをつくり、肌をくすませる原因になります。

また、日焼け止めをつけるときに肌をこすり、落とすときにもまた肌をこすります。この物理的な刺激も炎症とメラニンの増加の引きがねになります。

日焼け止めには、紫外線の害から肌を守るという効果があるいっぽうで、肌を傷める弊害もあるのです。この効果と弊害を天秤《てんびん》にかけて、日焼け止めをつけるかどうか判断する必要があります。その判断の目安が、「15分」です。

15分以上連続して浴びるのなら、日焼け止めをつけたほうがいいけれど、それ以下なら、日焼け止めでわざわざ肌のバリア機能をこわすよりも、つけないほうが肌のためにはよいのです。帽子や日傘だけで防御するほうが美肌のためになります(ただし、数分で赤くなるような人は、日焼け止めか、マスクとサングラスのような防御が必要です)。日本人が、皮膚ガンになりやすいオーストラリア人のまねをして毎日毎日、日焼け止めをつけていたら、皮膚が乾燥して不健康な状態におちいり、かえってシミやシワをつくることになりかねません。しかも、骨粗鬆症にかかり、免疫力がダウンしてガンなどの病気のリスクが高まるのです。

それでもあなたは、ちょっとゴミを出しにいくのにも、日焼け止めをつけますか?

×汚れを完璧《かんぺき》にとりさることが、スキンケアの基本の基本です。

◯洗いすぎこそ美肌の大敵。肌を乾燥させ、干からびさせ、老化を早めます。

肌に残ったファンデは垢と一緒に落ちる

汚れが残っていると、肌を傷め、老化を早めるけん引に。汚れを徹底的に落とすことこそ、スキンケアの第一歩——。30年ほどまえから、女性誌などで皮膚科医や美容研究家が「洗顔第一主義」をくりかえし唱えてきました。その典型的な例が「ダブル洗顔」のすすめでしょう。夜はまず、クレンジングでファンデーションなどをとってから、せっけんでもう一度洗うというのがダブル洗顔です。

専門家たちの多くは朝もせっけん洗顔をすすめています。睡眠中も皮脂はたえず分泌されているし、ふとんから出る綿ボコリも肌に付着している、それらをせっけんで洗いおとさないと、肌への負担になる、という理屈です。けれど、そもそも完璧に落とすべき汚れが肌にはりついているのでしょうか。答えはノーです。

皮膚はつねに新陳代謝をくりかえし、生まれかわっています。表皮の基底層で生まれた皮膚の細胞は、約28日かけて表面まで押し上げられ、その3、4日後には垢となってはがれ落ちて、その下の層にある新しい細胞がとってかわります。

酸化した皮脂の成分さえ落としておけば、ファンデーションが肌に残っていても、3、4日後には垢と一緒に自然に落ちていきます。

逆に、汚れを完璧に落とそうとすることのほうが肌をはるかに傷めます。皮膚のバリアは破壊され、ひどく乾燥するからで、中でも最悪なのがクレンジングです。

クレンジングは美肌の「最大の敵」

クレンジングの強力な洗浄力は、クリームなど足元にもおよばないほどの大量の界面活性剤によります。大量の界面活性剤は、バリア機能を担っている角質細胞のアミノ酸などの水溶性の保湿成分も、バリア機能の要《かなめ》であるセラミドなどの脂溶性の細胞間脂質も溶かしてしまいます。クレンジング使用後は、肌に有害な界面活性性剤が残るので、せっけんで洗いながさなければなりません。せっけんも、クレンジングほどではないにしろ、細胞間脂質などを溶かして落とすことになります。肌の保湿成分を徹底的にこすりおとすことで、バリア機能を著しく低下させる行為がダブル洗顔で、その「主犯格」が、強烈な洗浄力を持つクレンジングです。

ダブル洗顔で失われたバリア機能が回復するには、少なくとも3～4日。その間も毎日、ダブル洗顔をしては、再生しかけたバリアをこわしているのです。

最近の界面活性剤は、食品にも使われ、安全性が高くなったなどと言われます。このような詭弁に騙されてはいけません。例えば〝とろろ（芋）〟は栄養価が高い食品ですが、肌に直接つけたらかぶれます。食品として安全とか、毒性はないから皮膚につけても問題はないというのは、皮膚のことを全く理解していない人が言うことです。「油を溶かす界面活性剤は、皮膚のバリアを破壊する力がある」という事実を否定できる人はいないでしょう。

クレンジングはオイルタイプ、ジェルタイプ、クリームタイプなどの種類を問わず、美肌の最大の敵。これをやめるだけでも、肌はかなりよみがえります。

×表情筋を鍛えれば、たるみを防ぐことができます。

○表情筋を鍛えれば鍛えるほど、シワもたるみも悪化します。

表情筋とたるみの関係

顔には17種類の表情筋があります。年齢とともにこれら表情筋は古くなったゴムひものように伸びてしまい、そのため、皮膚を支えきれなくなって肌はたるみ、シワも現れる、というのが美容界の「常識」です。しかし、最近は、シワ、たるみは、表情筋がゆるんでできるのではなく、拘縮《こうしゅく》する（縮んで硬くなる）ために発生することがわかってきました。これまでの常識とは正反対です。

私は眼瞼痙攣《がんけんけいれん》という病気の患者さんたちを治療してきたことがきっかけで、15年ほど前に、それに気がつきました。

眼瞼痙攣とは、目をとりまく眼輪筋が痙攣するために、まぶたが強く閉じて開けにくくなったり、重症だとまったく開けられなくなる病気です。老化やストレスが誘因とされていますが、原因は不明です。

ほとんどの患者さんたちのまぶたは、ほとんど閉じて開けることができませんでした。眼輪筋と関連する表情筋も収縮するため、眉間《みけん》やひたいには深いシワが刻まれ、目尻《めじり》やまぶたもシワだらけ。上まぶたが下がってかぶさり、目が小さく見え、60代でも80代といっていいほど老けて見えたものです。

私は当時の日本ではまだ珍しかった、ボトックス注射による治療をはじめました。ボトックス注射には筋肉の緊張をゆるめる効果があります。

60代のある男性の治療をはじめると、かたく縮んでいた眼輪筋がゆるんで痙攣がおさまり、目も開くようになりました。しかも、眉間やひたいや目尻のシワはすべて浅くなり、場所によっては消えてしまいました。おおいかぶさっていた上まぶたも上がって目が大きくなっていたのです。10歳以上は若返って見えたのですから、びっくりです。

約3か月後にボトックス注射の効果が切れると患者さんはまぶたを開けられなくなって来院します。顔のシワも治療前に戻っていました。が、ボトックス注射を打つと、痙攣はおさまって、顔まで若返るのです。このくりかえしだったのです。

その後、多くの眼瞼痙攣の患者さんを治療してきて、どの患者さんにも同様のことが起き、シワやたるみの原因が、筋肉がかたく縮むことにあると確信するようになったわけです。

ためしに鏡の前で、顔に力を入れて、筋肉を思いきり縮ませてみてください。顔中に大ジワ、小ジワが現れて、一気にシワが増えて深くなります。次に、顔から力を抜いてみると、シワが消えて、顔は若返ってみえるはずです。

表情筋トレーニングで鍛えれば、筋肉はひきしまります。つまりは、筋肉が縮むわけです。ただでさえ加齢によって表情筋が拘縮してくるというのに、それをさらに加速させるのが、表情筋トレーニングです。

バラエティストアなどでは、口のまわりの筋肉を鍛える道具なども売られていますが、シワやたるみを防ぎたかったら、表情筋トレーニングも、そういった道具の類《たぐい》も厳禁です。表情筋を鍛えることは、拘縮を促進してシワ、たるみを悪化させることになるのですから。

×科学的な論文に裏づけられているものは信じられます。

○ウソも捏造《ねつぞう》もありますので、要注意です。

「肌の水分量」は測定法に問題あり！

60代のその女性は長年にわたり、日々、熱心にスキンケアを続けていました。あるとき、角層の水分量の測定を受けると、たっぷりの水分をいまだに保ち、その量は30代の女性なみ、というすばらしい結果が出ました——。

もしこのような内容の記事が、たとえば女性誌に載ったとします。多くの読者はおどろき、そして、あらためてケアの大切さを痛感するでしょう。

なにしろ、彼女が「30代の肌を持つ女」であるという事実を測定器の数字がはっきりと示しているのですから。

ところが、ここには本人もまわりの人間も気づいていないだろうカラクリがあります。乳液やクリームなどの基礎化粧品をつけると、たとえせっけんで洗いながしても、数日間はそれらの成分が肌に留《とど》まっているのです。

ですから、彼女の「肌」を測定したといっても、実際には、計測の数日前からつけているクリームや乳液などの水分量を測っていたことになります。高い数値が出て当然です。

もし肌自体の水分量を知りたければ、少なくとも5日前から基礎化粧品をすべて断っておく必要があります。もしそれをしていても、60代のその女性が「30代の肌」の数値になっていたかどうかは、きわめて疑わしいでしょう。

先日、スキンケアの教科書をみていたら、その中に、誰でも知っている大手化粧品会社の研究室の研究成果が掲載されていました。ある化粧品でケアを続けた被験者の肌のキメがどう変化したかを研究したもので、マイクロスコープで写した「ビフォア」と「アフター」の肌のキメの写真も載っています。その2点の「証拠写真」をみた瞬間、「捏造《ねつぞう》だな」とわかり、おどろきました。

私はこれまで、延べ何万人という女性の肌のキメをマイクロスコープでみてきました。キメの形や大きさは日々少しずつ変わり、1日としてまったく同じ形状をとどめることはまずありません。

ところが、2点の写真のキメは40日間のへだたりがあるにもかかわらず、まったく同じ形で、同じ大きさなのです。違うのは、「ビフォア」のキメの線（溝）が薄くて、「アフター」ではキメが濃いだけです。40日間その化粧品をつけたことで、キメがはっきりしてきたといいたいのでしょう。

明らかに画像処理がほどこされていました。顔のキメは日々変わることをその研究者は知らなかったのでしょう。だから、画像を処理するにしても、濃淡の違いをつければ十分だと思ったのだと思います。捏造するにしても、あまりに稚拙だといわざるをえません。

もっともらしい数字や画像をみせられると、いかにも科学的な裏づけがある論文や発表のようで、信用してしまうかもしれませんが、中にはインチキも多いので妄信しないように注意しましょう。

×ケアをすればするほど肌はきちんと応《こた》えてくれて、美しくなります。
○ケアをしすぎると、肌は乾燥し、薄くなり、メラニンが増え、老化します。

防腐剤が大切な常在菌を殺す

ケアをすればするほど、肌はその努力に応えて、きれいになっていく、などという「神話」に惑わされてはなりません。

これまでみてきたように、化粧水という「水」は皮膚の表面をこわして、肌を乾燥させますし、クリームや、クレンジングなどに含まれる界面活性剤は皮膚のバリアを破壊し、新陳代謝を低下させて皮膚を薄くし、さらに、炎症を起こしてシミやくすみの原因をつくります。

乳液や美容液も、クリームやクレンジングに比べれば少量とはいえ、界面活性剤を含んでいることに変わりはないので、同様の弊害を引きおこします。

化粧品の害はまだあります。ほとんどの化粧品に含まれている防腐剤もまた、肌を傷めます。化粧品は数年たっても腐らず、カビも生えません。パラベンなどの強力な防腐剤が入っているためです。

常在菌は肌の表面を弱酸性に保つことで、雑菌などから肌を守っていますが、防腐剤には強い殺菌効果があるため、この貴重な常在菌を殺してしまうのです。生き残った常在菌はすぐに増えますが、クレンジング、せっけん、化粧水、クリーム、ファンデーション、と強い防腐剤の入った何種類もの化粧品で毎日毎日、くりかえし「消毒」しつづけていれば、常在菌がほとんど死にたえてしまってもふしぎはありません。

現に、ケアを熱心にしている女性ほど、常在菌の数が極端に少ないことに驚かされます。そのような女性たちの皮膚を調べてみると、みたこともないような気持ちの悪い雑菌がいっぱいついているのです。

このように化粧品には多くの害があります。つければつけるほど、ケアをすればするほど、乾燥やシミ、シワ、くすみやたるみなどのトラブルは悪化し、肌は老化していくのです。

自家保湿因子は宇宙で一番の保湿剤

バリア機能を担っている角層では、角質細胞が、脂溶性の細胞間脂質をはさんで幾重にも重なりあって丈夫で、しなやかな膜が形成されています。角質細胞にはアミノ酸を主体にした水溶性の保湿因子が含まれ、これを天然保湿因子といいます。いっぽう細胞間脂質はセラミドを主体とした脂溶性の保湿因子です。この2種類の保湿因子を合わせて「自家保湿因子」とよびます。肌がみずからつくりだしている、いわば自前の保湿成分ですね。

この2種類の自家保湿因子は、角質細胞が皮膚の表面へと押し上げられるにつれて熟成していき、垢となって落ちるまでの最後の3～4日で最高の保湿機能を持つまでに熟成します。この熟成しきった自家保湿因子は、10万円するクリームでもとうてい太刀打ちできない、すばらしい保湿力をそなえています。たとえば、湿度が

10%を切るような砂漠を何日走っても、皮膚が完全に乾くことはないし、マイナス40度でも皮膚が凍ってしまうことがないのは、天然保湿因子の複雑かつ精妙なる成分構成によります。細胞間脂質の主成分であるセラミドにしてもさまざまな種類が絶妙なバランスで組みあわされていて、2、3種類のセラミドを配合しただけのクリームで代用できるようなものではないのです。

複雑で、精緻《せいち》なつくりの、絶妙なバランスからできあがっている完璧な自家保湿因子に、人工的な成分など足していいわけがありません。そのようなものを足せば、自家保湿因子の微妙なバランスをこわし、不純物として作用するだけです。

人間が宇宙へ行く時代です。百歩譲って、自家保湿因子とまったく同じものがいずれつくれるかもしれません。けれど、仮に自家保湿因子とそっくり同じものができて、それを肌につけたとしても、皮膚のバリア機能は高まりません。なぜでしょう。それらを交互に幾重にも積み重ねるということができないからです。積み重ねることができなければ、「角質細胞+細胞間脂質」の層も、細胞間脂質の中の「水+油」の層もつくれません。つまり、角層の持つ、ダブルの2層構造を築くことなどできないのです。

そして、肌を守る保湿のバリア機能は、まさにこの「構造」によっているのです。自家保湿因子を分析して同じものをつくりだして、それらを肌にぐちゃぐちゃとぬったからと言って、2層構造がつくれるべくもなく、そのようなもので潤ってくるほど皮膚は単純なつくりをしているわけではないのです。

人間はいまだ角層の構造を生みだすことはおろか、角層を補強したり代用したりする因子をつくりだすことすらできていません。代用品がない以上、自家保湿因子とその構造がつくりだす角層のバリア機能をできるだけ傷めることなく、守りとおす以外のケア法はないのです。生まれつき肌のキメがこまかくて、そろっている人もいれば、キメが粗く、不揃いの人もいます。

また、加齢にともなう肌の衰えも止めることはできません。けれど、その人の生まれもった肌での最高の状態を、そして、いまの年齢での最高の状態を、つまり、自己ベストの肌を保つことを目標に据えることはできます。

その目標にかなう唯一の方法とは、皮膚にそなわったすばらしい能力を信じて、その能力にすべてをゆだねる宇津木式スキンケア法以上のものはいまのところありません。

第2章

化粧品をやめると、肌の12の悩みが解消する

肌が乾燥しなくなる

この本の初めに、宇津木式スキンケア法には12の効用があると書きました。それらの各効用について、この章でくわしくみていくことにしましょう。まずは①の「肌が乾燥しにくくなる」についてです。

「保湿化粧水、保湿美容液、保湿クリーム、そして保湿効果のあるリキッドファンデーション……。『保湿もの』を使っていたのに、乾燥はいっこうにおさまりませんでした。ところが、そのすべてをやめて、水だけで洗うようになったら、半年ほどで冬なのに乾燥しなくなっていたのです。びっくりです！」

38歳の知人の女性の経験です。当然の結果といえるでしょう。

まず、洗浄力の強いクレンジングとせっけんをやめて水洗顔に切り替えるだけでも、角層の保湿膜が溶けだす量が劇的に減りますし、保湿化粧水、美容液、クリーム、ファンデーションなどにも界面活性剤が含まれていますから、それらも断ったということは、保湿膜をこわす化粧品がゼロになったわけです。

しかも、いくつもの化粧品をつけるたび、そして、落とすたびに、保湿膜をこすり落としてきましたが、それもなくなりました。その結果、肌のバリアはもはや破壊されることなく、保湿膜は本来の姿をとりもどして、バリアとして機能するようになったのです。そして、バリア機能がきちんと働くようになったおかげで、皮膚内部の潤いの蒸散が防げ、肌は**乾燥しなくなった**（①）というわけです。

宇津木式スキンケア法を実践すれば、遅かれ早かれ、肌はかならず乾燥しなくなります。始めた当初は、人によっては肌がガサガサになって粉をふくほど乾燥するかもしれません（このことについてはのちほどふれます）。それでもがまんして宇津木式スキンケア法を続けていれば、かならず肌は潤ってきます。その理由は右で説明したとおりです。

肌が乾燥しなくなれば、敏感肌も治ります。敏感肌とは、皮膚のバリアが破壊されているために、外部の刺激物が肌の内部に浸入し、炎症を起こしてしまう状態です。乾燥がなくなるということは、バリア機能が復活したということ。バリア機能がきちんと働けば、外部の刺激物をシャットアウトしますので、それらが皮膚の内部に浸入することがなくなります。つまり、敏感肌が治るわけです。

肌がふっくらする

宇津木式スキンケア法を始めた人のほとんどが経験する、うれしいおどろきのひとつが、「肌がふっくらしてきた」ということです。理由は明確です。

長年、化粧品を使いつづけてきて、バリアが破壊されてしまった肌はひどく乾燥して干からび、皮膚の細胞が死んでしまったり、死にはいたらないまでも元気がなくなっていて、新しい細胞を生みだす力すらなくなっています。

健康な肌ではつねに新しい細胞が生まれては、死んで垢《あか》となって消えていくというサイクルを約28日ごとにくりかえしています。これを皮膚の新陳代謝といいます

皮膚のキメの４段階

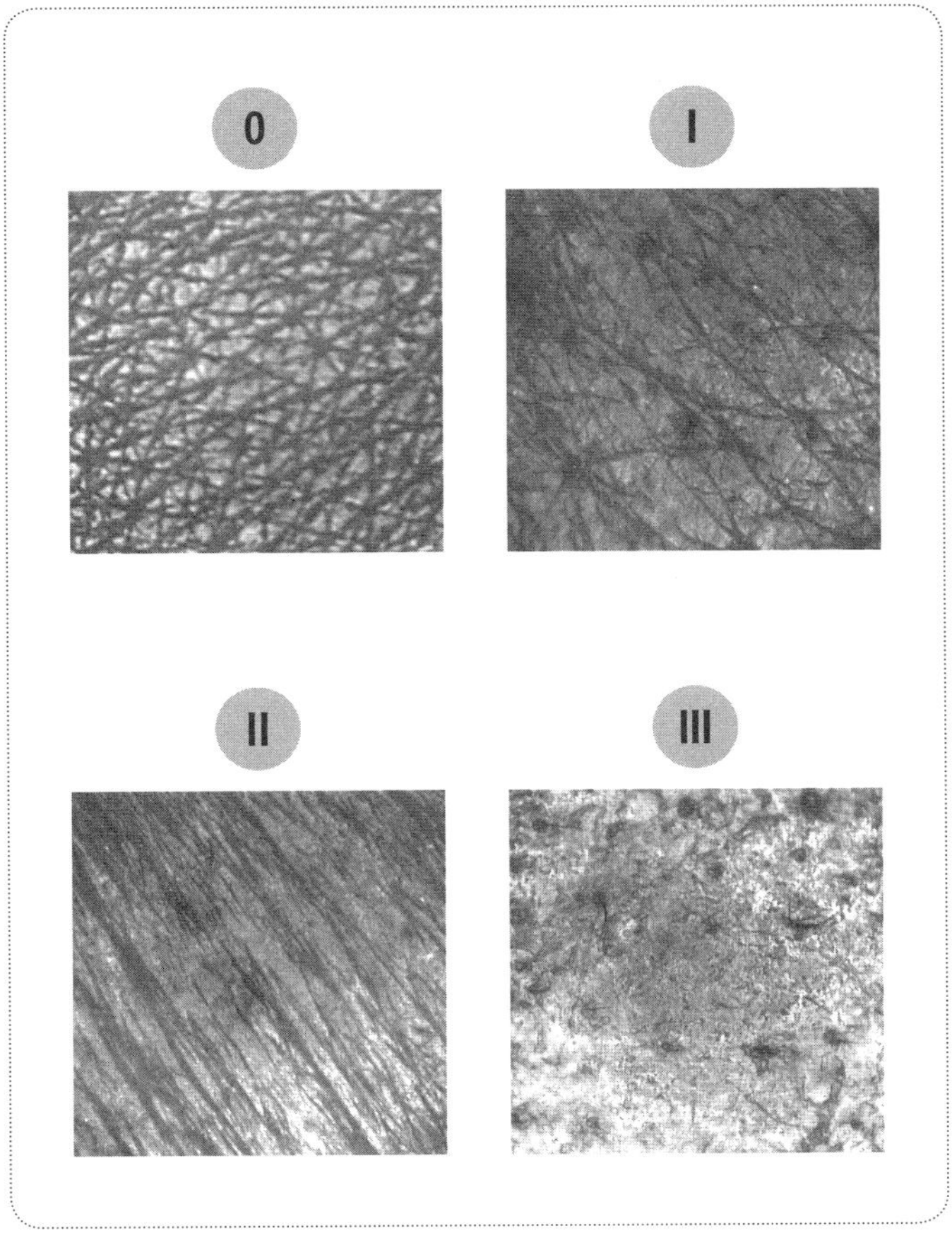

皮膚の状態は４段階に分類できます。
キメが整っていて理想的な状態がレベル０、
キメがすべて失われて重症なのがレベルⅢです。

が、乾燥して干からびてしまった肌では、この新陳代謝すらロクにできなくなっているのです。

新しい皮膚の細胞ができなくなれば、表皮はいわば細胞不足によって薄くなり、その影響で表皮の下の真皮層も薄くなって皮膚全体が薄くなってしまいます。

そのような悲惨な状態におちいった原因は化粧品です。それらの使用をすべて中止すれば、やがて皮膚は新陳代謝ができるようになり、新しい細胞が再生されるようになります。

新しい細胞が生まれるようになれば、表皮は元気のよい細胞に満たされて厚みを増します。それにともなって、薄くなっていた真皮も厚みをとりもどしますので、皮膚全体が厚く、**ふっくらとして**（②）くるのです。

肌にふれると、ふっくらとして感じられて、幸せな気分になる、といっていた女性がいました。このような幸せ気分を味わいたいのなら、宇津木式スキンケア法を明日といわず、今日にでも始めてください。

ふっくらした肌をマイクロスコープでみると、肌のキメが整っているはずです。

キメとは皮膚の表面にある網目状の溝のこと。新陳代謝のできないような肌ではキメはほとんどみられず、肌の表面が平らになっているのに対して、ふっくらした肌ではキメが深く、キメとキメに囲まれた「山」の部分が勢いよく盛りあがっています。新陳代謝によってつねに細胞が再生されているためです。

よけいなケアをいっさいしない宇津木式スキンケア法によってふっくら肌をとりもどした人では、**肌のキメも整う**（③）ことになります。肌のキメが整うと、肌の**テカリも解消**（④）されます。テカリはキメの凸凹が失われて扁平《へんぺい》になることで生じます。キメという溝がくっきりと現れ、それらに囲まれた「山」が盛りあがったふっくら肌は、テカリとは無縁です。

炎症がなくなって、白くなる

基礎化粧品もファンデーションもすべて断ち、ただ水で洗うだけの宇津木式スキンケア法をスタートして、早い時期に気づく変化は肌がふっくらしてくることと、そして、**くすみやシミが薄くなり**⑤、**肌が白くなる**⑥ことかもしれません。

シミの正体はメラニンですし、肌がくすむ原因の大半がメラニンの増加です。紫外線によってメラニンが増えることは誰もが知っているでしょうが、炎症もメラニン増加の大きな要因です。炎症を起こし、治ってはまた炎症を起こす……。これをくりかえしているうちに、炎症が慢性化し、すると、その周辺にメラニンがかならず増えてきます。メラニンが増えれば、肌は茶色っぽくくすんできます。

この炎症を起こさせるのが、化粧品をつけるという行為であり、化粧品に含まれる成分です。化粧品をつけたり、とったりするときに肌をこすります。この物理的な刺激が肌に炎症を起こさせます。

また、化粧品に含まれる界面活性剤や油分や有効成分なるものが皮膚の細胞間脂質にしみこむと、不純物が増えるので、皮膚は元来の保湿機能を最大限発揮できなくなります。

また、バリアがこわれて皮膚に浸入すると、それらを異物とみなして排除しようとして炎症を起こさせます。

化粧品によるスキンケアをやめれば、肌をこする行為はほとんどゼロになります。毎日毎日、クレンジングをメークになじませながらこすり、化粧水をたっぷり含ませたコットンでこすり、美容液をつけ、クリームをぬるときにもやっぱりこする……。化粧品を断つことで、これらのすべてがなくなります。

しかも、もはや界面活性剤や油や有効成分なるものに肌がさらされ、おかされることもなくなるのです。

そうなれば、慢性化していた炎症も徐々に消えていき、メラニンも減少し、そして、くすみが消えて、シミも薄くなり、色が白くなることは、当然の帰結です！

ファンデーションをやめたのに、まわりの人がそのことに気づかない、と喜んでいた患者さんもいます。化粧品断ちによって色が白くなったおかげで、素顔でもファンデーションをつけたのと同じような肌色になれたためでしょう。

色ムラがなくなり、肌色が均一になる

肌のところどころに紫や茶や赤などの色が散らばっている。そんな**色ムラがきれいに消えて**（⑦）、肌の色が均一になったという数多くの声が『「肌」の悩みがすべて消えるたった1つの方法』の読者から寄せられています。なぜでしょう。

化粧品に含まれる界面活性剤などに長年さらされていると、炎症が真皮層にもおよぶようになります。この炎症の影響で真皮層の一部分が薄くなったり、コラーゲンがとけて穴が開き、真皮層が凸凹状態になります。

また、真皮層には毛細血管が網の目のように走っています。血液の流れる場所の深さによって光の屈折率が異なるため、浅いところを流れる血液は赤っぽいのに、深いところの血液は灰色や緑色や青色にみえたりします。

いっぽう、化粧品でケアをしすぎていると、新陳代謝が極端に低下するために皮

膚が薄くなり、皮膚が薄くなると、真皮層の凸凹や、血液のいろいろな色が透けてみえてしまいます。これが、色ムラの正体です。

色ムラは炎症と皮膚の薄さが原因。つまりは長年、化粧品でケアをしてきたことの「負の遺産」です。

でも、化粧品を断てば、炎症も少しずつ治り、穴の開いた部分も徐々に再生されていきますし、皮膚の新陳代謝もやがて正常に戻って、基底層では新しい細胞が次々につくられるようになって肌がふっくらとしてきます。そうなった暁には、多くの女性が経験しているように、色ムラのない、均一な肌色の肌をとりもどすことができるのです。

なお、皮膚に炎症があると、毛細血管が増えますので、赤ら顔になりやすくなります。化粧品を断てば、炎症がおさまり、毛細血管の数も正常に戻りますので、赤みが引いて、**赤ら顔も治る**（⑧）でしょう。

毛穴の開きが解消して、なめらか肌に

「いつのころからか、毛穴がほとんどみえなくなりました。毛穴レス！　肌にふれると、つるんつるんの、すべすべで、うれしくなります」

彼女は64歳。２年近くまえから、宇津木式スキンケア法を始めました。**毛穴が小さくなり**（⑨）、そのおかげでひっかかりがなくなって、「つるんつるんの、すべすべ」の肌になったのですね。

毛穴が開いてくるのは、ひとつにはこすりすぎです。毛穴の中心部を顕微鏡で見ると小さく尖った皮層が突出しています。クレンジングやクリームなどをのばすときに肌をこすると、突出した先端が削れて傷ついてしまいます。すると、いちごの種のような角柱ができます。次にまたこすると、角柱がさらに大きく露出し、こうして、毛穴は少しずつ大きくなり、目立つようになるのです。

皮膚の断面図

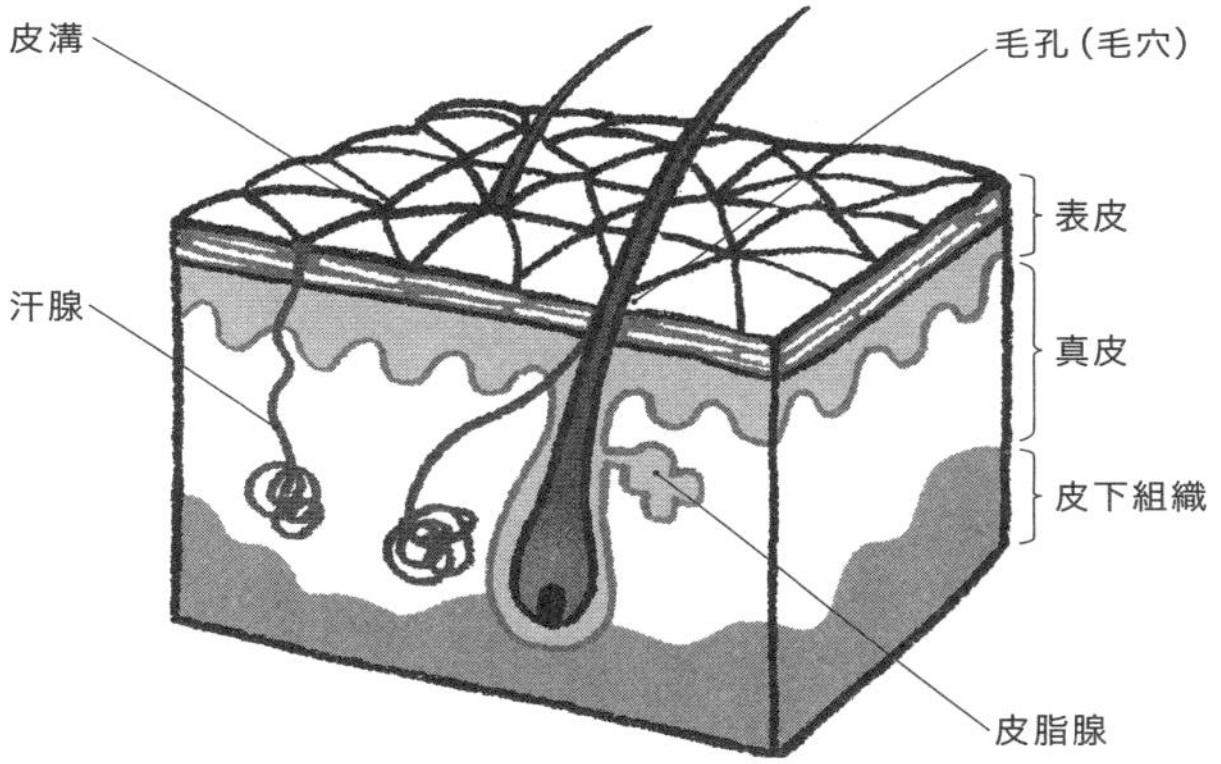

洗いすぎも、毛穴を開かせることになります。クレンジングやせっけんは汚れと一緒に皮脂もとりさります。とくに、洗浄力の強いクレンジングやせっけんで洗うと、皮脂は根こそぎうばわれてしまいます。すると、皮膚は、うばわれた分を補おうと、さかんに皮脂を分泌するようになり、皮脂腺を発達させるのです。

皮脂腺は毛穴の開口部分のすぐ下にくっついていますので、皮脂腺が発達して大きくなれば、毛穴の周囲はその圧力で盛り上がり、毛穴が開いて見えます。

毛穴の開きには、炎症も関係しています。化粧品でケアを「まじめに」おこなってきた人では、ほぼすべての毛穴に炎症がみられます。炎症とは異物を攻撃し、排除するために起きる反応です。毛穴に化粧品の界面活性剤や油や有効成分なるものがしみこんでくると、白血球やさまざまな溶解酵素がかけつけて、いっせいにそれらを攻撃しはじめます。

タンパク溶解酵素などは、異物だけでなく、毛穴周囲の自分の皮膚細胞や、真皮のコラーゲン線維まで溶かします。すると、毛穴はクレーターのように大きく陥凹してしまうため、毛穴が開いて見えるようになります。炎症で毛穴が黒ずむと、影の効果でさらに深く大きく見えます。

こすりすぎ、洗いすぎ、そして、炎症――。いずれも、化粧品の使用によって起きる弊害です。宇津木式スキンケア法を実践すれば、肌をこすりすぎることも、洗いすぎることも、炎症を起こすこともありません。そうなれば、個人差はありますが、遅かれ早かれ毛穴の開きは改善され、ついには「毛穴レス」のなめらかな、すべすべの肌を手にいれることができるのです。

肌には旺盛《おうせい》な回復力がそなわっています。宇津木式スキンケア法を何歳から始めようと、遅すぎるということはありません。先程の64歳の女性がそうであったように。

小ジワが目立たなくなる

目のまわりの小ジワにも、宇津木式スキンケア法が威力を発揮します。

目のまわりの皮膚はとても薄いために、目元はとくに乾燥しやすくなります。おまけにまばたきをするなど、動きの激しいのも特徴です。

動きと乾燥はシワの主因です。肌に弾力があれば、もとに戻りますが、年齢を重ねるにつれて真皮層のコラーゲン線維が変性し、その数も減って、肌は弾力を失いますので、もはやもとには戻らない。皮膚が薄くなり、縮んだままの形で定着してシワになるのです。

ところが、基礎化粧品をすべてやめ、ファンデーションも断って水で洗うだけの宇津木式スキンケア法を続けているうちに、角層のバリア機能が回復してきますので、干からびていた肌も潤いをとりもどして、新陳代謝も徐々に正常になって新しい細胞が再生されるようになります。すると、表皮は厚みを増し、それにともなって真皮層も厚くなり、肌全体がふっくらとしてきます。

そうなれば、**目元の小ジワも目立たなく**⑩なり、また、深く刻まれたシワも多少、改善されるでしょう。

クマが薄くなる

目の下のクマを和らげるというアイクリームでせっせとケアをしている方は、そのケアをやめるだけでクマはよくなるでしょうし、アイクリームも、そしてほかの基礎化粧品やファンデーション、コンシーラーなどの類《たぐい》もやめれば、さらに**クマは**

改善します（⑪）。

目の下のクマは大きく分けて、血行不良や血液中の酸素不足が原因の影グマと、メラニンが原因の色グマとの2種類があります。そのうち、化粧品によるケアが関係しているのは、おもに色グマです。

色グマは肌がくすむ原因と基本的に同じです。つまり、ケアをしすぎて増えたメラニンの色が、やはりケアのしすぎで皮膚が薄くなってしまったせいで、透けてみえているのです。

アイクリームを夜だけでなく朝もぬり、それだけでは足りなくて、日中もメークの上からせっせとぬりこんでいる女性もいます。化粧水やクリーム、クレンジングを使うだけでもさんざんこすり、界面活性剤をすりこんでいるというのに、とても薄くて敏感な目の下の皮膚に、さらにアイクリームを加えれば、メラニンはますます増え、皮膚はますます薄くなって、クマはいっそう目立つようになることは、火をみるよりも明らかです。

なお、血行不良や血液中の酸素不足による影グマも、皮膚が厚くなれば目立ちにくなるという点で、化粧品をやめることは有効です。血行不良や血液中の酸素不足への対処法については１８４ページをお読みください。

水洗顔に切り替えると、ニキビが減る

できていたニキビがひとつ減り、ふたつ減りして、とうとうなくなり、そのあとはめったに出なくなった――。患者さんからも、読者の方からもそのような声をよく聞きます。

宇津木式スキンケア法を始めて、水で洗うだけの生活に切り替えると、ほとんどの人が、長年悩まされてきた**ニキビが改善し、完全に治る人も**⑫おおぜいいます。その理由を説明するまえに、なぜニキビができるのか、その原因とメカニズムについて知っていただかなければなりません。

一般には、ニキビの原因はアクネ菌だとされていますが、それは間違いだと私は

考えています。アクネ菌は誰の肌にもいる、ごくありふれた細菌ですが、感染力も病原性もきわめて弱い菌です。

私はヤケドの治療を数多くおこなってきました。重症のヤケドを負っている患者さんでは、皮膚の免疫力は最低レベルにまで落ちているにもかかわらず、治療中にアクネ菌に感染した患者さんは一人もいませんでした。

抵抗力が最低レベルまで落ちているヤケドの患者さんでさえ、感染しないのですから、健康な人がアクネ菌に感染して炎症を起こすとは、考えづらいのです。

私は、毛穴につまった皮脂がニキビの主原因だと考えています。

皮脂が大量に分泌されると、排出が追いつかなくなって出口がふさがれ、皮脂が毛穴の中に閉じこめられます。毛穴の中に閉じこめられた皮脂は時間とともに酸化して過酸化物に変わります。すると、体はこの有毒な過酸化物を異物とみなして排除しようと、炎症を起こします。これがニキビです。

では、なぜ排出が追いつかずに、出口がふさがれてしまうほどの大量な皮脂が分泌されるのでしょう。多くは洗いすぎです。夜はクレンジングとせっけんでダブル洗顔をして、朝もせっけんで洗うようなことをしていれば、皮脂が足りなくなり、その不足分をカバーしようと、皮膚は皮脂腺を発達させて皮脂を次から次へと出すようになります。

水でさっと洗うだけの宇津木式スキンケア法を始めると、必要以上の皮脂をうばうことがなくなるので、徐々に皮脂腺は縮んで皮脂の分泌量も減少してきます。そうなれば、皮脂が毛穴につまることもなくなります。

また、肌の乾燥もニキビの重要な原因になります。

肌がガサガサに乾燥すると、角層が木の皮のようにかたくなって皮脂の出口（毛穴）をおおうため、毛穴が皮脂でつまってしまいます。皮膚のバリア機能をこわすクリームをはじめとした基礎化粧品をやめることで、肌は潤ってきますので、この点でも宇津木式スキンケア法はニキビの予防に効果的なのです。

ニキビ用のせっけんや化粧水などの大半は、徹底した洗浄と殺菌でニキビをなくそうとする考え方でつくられています。たしかに、洗浄と殺菌を徹底的におこなえば、乾燥によって一時的にはニキビができにくくなるかもしれません。

しかし、その徹底した殺菌、洗顔励行を思春期の頃から長年つづけることによって、ニキビはいっこうに改善しないまま、確実に重症の乾燥肌になり、皮脂腺が異常発育して夏みかんのような典型的ニキビ肌を自らつくってしまった患者さんをたくさん見てきました。殺菌効果のあるせっけんは嫌気性菌であるニキビ菌にはほとんど効果がないまま、大事な常在菌に重大なダメージを与えて、かえっておとなしいニキビ菌を元気づけたようにも見えます。

皮膚を乾燥させ、毎日消毒するような方法よりも、せっけんを使わずに、水だけで洗う仕方のほうがはるかに健康的でしょう。はじめのうちは、肌がギトギトして気持ちが悪いかもしれませんが、2〜3週間もすると、皮脂の量が少しずつ減ってきて、2〜3か月後には皮脂で毛穴がつまることもなくなり、ニキビもほとんどできなくなるでしょう。

肌が元気になってはじめて、治療を行えば効果はもっと上がるのです。

第3章

実践 宇津木式スキンケア法

基礎化粧品もファンデーションもやめる!

宇津木式スキンケア法は、肌が持っているすばらしい保湿力とバリア機能を守りとおし、肌にそなわっているみずから美しくなる力の恩恵を100%享受しようというものです。そのためには、化粧品をきっぱりと断つ必要があります。化粧品が皮膚にさまざまなダメージをおよぼし、肌を老化させる元凶であることは再三にわたり説明してきたとおりです。

化粧水、美容液、乳液、クリーム、クレンジング、そして、アイケア製品。これら基礎化粧品はまず最小限に減らし、いずれはすべてやめます。

ファンデーションも大量の界面活性剤や油分が含まれているものはつけません。なるべくスッピンでとおします。ただし、長年の習慣をやめて、いきなり素顔をさらすことには抵抗があるかもしれません。それならさしあたり、よりダメージの少ないパウダリータイプをつけるとよいでしょう。パウダリーのタイプでは含まれる界面活性剤や油分の量が少なく、中にはゼロのものもあります。

フィニッシュパウダーやフェースパウダーなどとよばれている、いわゆる「お粉」なら、さらに肌への負担は小さくなります。ただし、できるだけ早い時期にそれらとも手を切ることです。基礎化粧品を断ち、ファンデーションもフィニッシュパウダーもやめれば、年々確実に最高のスッピン肌に近づいていきます。

でも、ここいちばんのハレの日などには、クリームタイプやリキッドタイプのファンデーションをつけてもかまいません（そのような日は1年に1回か2回ある程度でしょうから）。界面活性剤や油分をたっぷり含んでいるだけあって（！）、化粧ムラも少なく仕上げることができますし、カバー力にもすぐれています。

たまにはこれらのファンデーションで自分をフェイクな化粧美人に演出するのもいいものです。時には遊び心ももたないと、人生、楽しくありませんからね。

しかし、欲張って、毎日ファンデーションをつけるようなことはゆめゆめしないでください。肌は乾燥し、悪化の一途をたどります。自分本来の肌をより美しくみせるために使ったはずなのに、気がつくと、ぬりつづけていないとふつうの状態にさえみえない肌になってしまいますので。

私はクリニックでそのような気の毒な女性たちをみて、いつも痛ましく思います。ファンデーションをつけてこなかった首やあごの下の肌は赤ちゃんのような細かいキメをしているのだから、顔の肌も以前はファンデーションなどつけるよりもはるかにきれいにみえていたことは明らかです。なのに、顔の肌だけはキメがないか、キメが粗くなっていて、絶望的なほどこわれて老化してしまっているのです。マイクロスコープの画像を患者さんと一緒にみながら、「もう肌に負担をかけないようにして、元の皮膚にもどしましょう」と慰める日々です。

「ぬるま水」で洗うだけ

宇津木式スキンケア法のもうひとつの特徴が、水洗顔です。クレンジングはもちろん、できるだけせっけんも使わずに、水だけで洗います。朝も夜も水で洗うだけのケアが、肌を生きかえらせるのです。正確には、ぬるま湯よりも低温の「ぬるま水」で洗います。

クレンジングにはドーランもひと拭《ふ》きで落とせるほどの強い洗浄力がありますし、せっけんにもクレンジングほどではないものの、洗浄力があります。それらをやめるだけでも、バリア破壊が止まり、失われる自家保湿因子の量は大幅に減って、肌の乾燥はおさまり、潤ってきます。

水洗顔だけではたして、汚れが落ちるのだろうか、と不安になるかもしれませんが、心配は無用です。皮脂に含まれる遊離脂肪酸の一部も、酸化してできた有害な過酸化物も皮膚の上で溶けた状態ですから、体表温度と同じ34〜35度かそれ以下の「ぬるま水」で汗やホコリと一緒にきれいに落とすことができます。しかも必要な油脂は残ります。朝も夜も水で洗うだけのケアが、肌を生きかえらせます。

熱いお湯で洗うのは、禁物です。自家保湿因子が流れだし、肌が乾燥してしまいます。37度以上になると、温度が上がるほど、ただのお湯でもせっけんに近い洗浄力がでてきます。かならず34度以下の「ぬるま水」で洗いましょう。

シャワーで洗うときには、水圧にも注意が必要です。バリア機能を担っている角層は、わずか0・02㎜、ラップ2枚分ほどの薄い組織ですので、勢いよくシャワーの水をあてると、それだけで壊れてしまうことがあります。

ファンデをつけた日は、純せっけんで洗顔

油分は水だけでは落とせません。

油分を含むファンデーションをぬった日には、それを落とすための洗顔が必要となります。でも、肌をひどく傷めるクレンジングは絶対に使わないことです。オイルであれ、ジェルであれ、クリームであれ、ミルクであれ、クレンジングと名のつくものはかならず肌を荒らします。せっけんだけで洗いましょう。

せっけんだけでファンデーションはほとんど落とせます。多少は残っても、皮膚

の新陳代謝によって3日ほどで、垢《あか》といっしょに自然に落ちます。

クレンジングも使えば、ファンデーションをほぼ完璧《かんぺき》に落とせるかもしれませんが、クレンジングを使うことのダメージは、肌に残ったわずかなファンデーションの弊害よりもはるかに大きいのです。

せっけんは純せっけん（「無添加せっけん」ともよばれます）を使いましょう。

合成洗剤は、自然界には存在しない化学的に合成された界面活性剤です。それに対して純せっけんはオリーブ油やヤシ油、パーム油などの植物性の油や、牛脂などの動物の脂などをベースに、苛性《かせい》ソーダなどを加えて界面活性作用を持たせています。

純せっけんの洗浄力は合成洗剤と同等か、合成洗剤よりまさっています。

合成洗剤はていねいにすすいでも少量とはいえ、必ず肌に残ります。肌に残った合成洗剤は非常に分解されにくく、皮膚の内部に溶け込んで容易に浸入して角層を破壊します。しかも、ヒトの細胞やウニの卵、魚などの実験によって、高い毒性が証明されているのです。

いっぽう純せっけんは、合成洗剤よりも肌に残りにくく、残っても分解されやすいので、毒性はきわめて低くなります。

肌をこすると、角層のバリア機能がこわされ、せっけんなどが角層に浸入しやすくなります。極力こすらないですむように、たっぷり泡立てて洗うのがポイントです。

唯一、使用が許される油脂がワセリン

化粧水も美容液も乳液もクリームもいっさい使わない宇津木式スキンケア法にあって、唯一、つけるのを許されているのがワセリンです。ワセリンとは石油を蒸留した残留成分をさらに精製した油脂です。

植物油や動物の脂は空気にふれれば1日で酸化しはじめますが、純度の高いワセリンはきわめて酸化しにくく、酸化するまでに数年かかります。しかも、皮膚に浸《し》

みこみにくいのも特徴で、クリームはもちろん、他の天然オイルもすべて皮膚に浸みこんでしまうのとは対照的です。

酸化するまでに数年もかかり、皮膚の中へほとんど入っていかないワセリンは、乾燥対策には欠かせないアイテムです。

たとえば、肌が粉をふくほど乾燥しているときには、角質細胞の端がいっせいにめくれあがり、その隙間から皮膚の水分が蒸発しやすくなっています。そこで、粉をふいている部分にワセリンをつけます。すると、めくれた角質細胞を皮膚に貼りつけることができて、さらなる乾燥を食いとめられるのです。

かゆみや、チクチクとした痛みを感じるほど肌が乾燥したときにも、ワセリンの出番です。かゆみや痛みは、目にみえないほどのこまかいひび割れによって皮膚が傷だらけになり、軽い炎症を起こしているためです。ワセリンでコーティングしておけば、外部の刺激から肌を守ることができ、傷が早く治ります。

また、湿度が30%以下で、空気が異常に乾燥しているとき、ワセリンで肌をガードするのもよいでしょう。日本では真冬に湿度が30%を切る日が続くことも珍しくありません。そのような日には、ワセリンをつけて出かければ安心です。

ただし、つけすぎは厳禁。ワセリンといえども、つけすぎれば肌がかえって乾燥するのは、他の油脂と同様ですから注意して下さい。つけすぎれば肌の表面がべたついて、古い角質細胞がはがれにくくなります。いつまでも古い角質が居座っていれば、基底層で新しい細胞が生まれにくくなってしまい、肌は薄くなります。

顔全体でごま粒〜米粒大ほどが適量。こすらないこと。両手のひらにのばしてから、その手を肌に軽く押してつけます。

アトピーの人も宇津木式スキンケア法を

宇津木式スキンケア法を患者さんたちに提唱し、指導するようになって10年以上がたちます。この間、1000人以上の患者さんたちが宇津木式スキンケア法を実践し、そのほとんどの方の肌で、乾燥や炎症などが劇的に改善され、それにつれて、肌がふっくらとし、毛穴が目立たなくなり、肌が白くなり、シミが薄くなり、ニキビが減りました。悪化した人はほとんどいません。

水で洗うだけですから、肌への負担や刺激は限りなくゼロに近いのです。乾燥肌や敏感肌、脂性肌、混合肌など、どんな肌質の方にも適していますし、また、アトピーやニキビに悩んでいる方にもおすすめしたいケア法です。

アトピー性皮膚炎では、皮膚のバリア機能がひどく低下していて、そのために肌がカサカサに乾燥します。ただでさえ低下しているバリア機能を化粧品の界面活性剤などでこれ以上、破壊しないですむのが、宇津木式スキンケア法なのです。

ただし、いろいろな薬を使っている重症のアトピーの方は念のためかかりつけの医師に相談してから始めて下さい。

ニキビについては、水で洗うだけの宇津木式スキンケア法だと皮脂をとりすぎずにすむので、まずは乾燥肌が改善して肌が柔らかくふっくらしてきます。次に皮脂腺が徐々に縮んできて、それにつれてニキビもできにくくなります。

いずれにしても、月々の化粧品代がほとんどかからなくなり、とても経済的ですし、寝るまえにするスキンケアといえば、水でちょこちょこっと洗うことだけ。朝もたとえ外出するにしても、水で顔を洗って、ポイントメークをほどこすだけですから、あっという間に終わります。

とにかくお金がかからず、手間も時間もかからず、これほどラクなケア法はありません。

明日といわず、今日から始めよう！

早く始めるほど、早く肌がきれいになります。宇津木式スキンケア法の理論に納得していただいたら、即刻、始めるのがベストです。

一気呵成《いっきかせい》にすべての化粧品をやめられれば、それにこしたことはありませんが、無理をする必要はありません。何年間も、人によっては何十年間も化粧品でスキンケアをしてきたのですから、いきなりすべてをやめるのは、やはりむずかしいかもしれません。段階を追って少しずつやめていくのもよいでしょう。

少しずつやめていくにしても、最初にかならず中止しなければならないものがあります。クレンジングです。つけるときにも、拭きとるときにも肌をこすり、しかも、大量の界面活性剤や油分に肌をさらし、さらに、肌に残った界面活性剤などを、洗浄力の高いせっけんで洗いおとさなければなりません。クレンジングという行為は化粧品によるスキンケアの中で、もっとも肌を傷め、老化させるものなのです。

ですから、いついかなる場合でも、クレンジングは真っ先にやめなければなりません。

クレンジングの次にダメージの大きいのがクリームと乳液で、美容液、化粧水と続きます。この順番で、1品ずつやめていくのもおすすめです。

また、クレンジングをやめたあと、残りの化粧品のそれぞれの使用量を少しずつ減らしていって、最後にそのすべてをゼロにする方法でもよいでしょう。あるいは、クレンジングをやめたあと、残りの化粧品について、たとえば週5回から4回、3回、2回というように使用頻度を減らしていき、最後にすべての化粧品において「ゼロ回」を達成するというのでもかまいません。

いずれにしても、自分の性格やライフスタイルなどに合った仕方で、無理をしないで、でも、なるべく早い時期に化粧品によるケアから完全に足を洗うことです。

美肌到達の「改善速度」には個人差あり

化粧品によるスキンケアを熱心に、長期間続けてきた方ほど、肌が傷んでいる傾向にあります。

皮膚の状態は4段階に分類できます（P71参照）。皮膚のキメがこまかくて、ひとつひとつのキメの形が整っている理想的な状態がレベル0、キメがすべて失われているもっとも重症なのがレベルⅢです。

このレベルⅢでは、毛穴という毛穴に炎症がみられ、また、真皮層のコラーゲンのところどころに穴が開いていたりします。皮膚は干からび、新陳代謝がほとんどストップしているため、極端に薄くて、弾力もありません。私が北里《きたさと》研究所病院美容医学センターに勤務していた頃の経験では、長年、熱心にケアをしてきた人の大半が、このレベルⅢという悲惨な状態でした。

ちなみに、このレベルⅢは水泡ができる程度のヤケドが治ってきて薄皮がはってきた状態と同程度ですから、もはや病的としかいいようのないレベルなのです。

このような病的な状態であっても、基礎化粧品やファンデーションをすべてやめれば肌は回復してきます。人によっては長い時間がかかるかもしれませんが、かならず弾力と潤いに富んだレベル0の美しい肌になれるのです。

私の患者さんでレベルⅢからレベル0に回復するまでの最長記録は、11年です。彼女はエステティシャンでした。職業柄、ふつうの女性とはくらべものにならないほど熱心にスキンケアを続けてきた結果が、レベルⅢだったのです。

けれど、彼女はあくまでも特殊な例です。レベルⅢの方でも多くは1年以内にレベル0の理想の肌を手に入れています。長くかかる方でもせいぜい2～3年、最速記録はなんと2か月足らずでした。また、レベルⅠの患者さんではわずか7日でレベル０になった例もあります。

患者さんたちの肌が美しさをとりもどすのをみるたびに、皮膚の持つたくましくもすばらしい回復力に畏敬《いけい》の念すら覚えます。

ポイントメークは許容範囲

口元や目元、眉《まゆ》などのポイントメークも、肌をこする刺激や、界面活性剤、油、防腐剤などに肌がさらされる点では、基礎化粧品やファンデーションと同じです。肌のことだけを考えるなら、ポイントメークも断つべきでしょう。でも、つける面積は限られているので、顔全体にぬりこむファンデーションのダメージに比べれば微々たるものですし、マイクロスコープでみる限り、キメの消失などもほとんどみられません（小ジワは多くなりますが）。

ポイントメークの「色」は女性を華やかにみせ、本人はもちろん、まわりの人たちの気分も浮きたたせてくれるようです。それに、口紅をつけて、眉を描き、アイメークのひとつもほどこすのは、社会人としての大切な身だしなみともいえるのでしょう。というわけで、宇津木式スキンケア法でもポイントメークを許容範囲としています。

ただし、ほお紅やアイシャドーなどは界面活性剤や油分を含むタイプやクリームタイプではなく、それらを使っていないパウダータイプを選びます。つけるときも、落とすときも、肌を極力こすらないように注意しましょう。

いついかなる場合もクレンジングは使わないこと。そのためには、クレンジングでないと落とせないウォータープルーフタイプのものは避けます。

かゆみや赤みがあったらただちに使用を中止しましょう。

そのうち肌が慣れるだろう、とか、少しくらいかぶれても捨てるのはもったいないから、などと使いつづければ、肌はかならず炎症が重症化します。そして慢性化すると間違いなくくすんできます。

アイメークは必要最低限に抑える

アイメークには美容以上のリスクがともないます。まぶたをこすったり、引っぱったりすることで、眼瞼下垂《がんけんかすい》が悪化しかねないのです。

まぶたを引きあげる筋肉を、眼瞼挙筋といい、上まぶたにあります。眼瞼挙筋は腱《けん》を介して瞼板《けんばん》という硬い板にくっついています。この腱がゆるんだり、切れたり、はずれたりすることで、まぶたが目の上に垂れ下がり、あるいは、目が開きにくくなるのが、眼瞼下垂です。

この腱は先端部がタラコの薄い皮のような組織で、ちょっとした刺激ですぐにゆるんだり、切れたり、はずれたりする、じつに頼りない組織です。

いっぽう、眼瞼下垂は目を小さくみせ、下まぶたのクマや脂肪のふくらみを悪化させ、なにより顔をたるませる引き金となり、そのたるみのせいでゴルゴライン、ほうれい線、マリオネットラインといった深いシワが刻まれることにもなります。つまり、眼瞼下垂は老け顔をつくる一大要素です。

老け顔になるのを遅らせたいのなら、アイメークをほどこすときに、まぶたを引っぱったり、こすったりしないことです。指で上まぶたを引きあげながらアイラインを引くと、きれいに描けるそうですが、そんなことをすれば、眼瞼下垂を悪化させる原因になります。リキッドのライナーでさっとひと筆で描くようにしましょう。

アイシャドーもパウダーで。練りのものでは、まぶたをこすることになります。欲張らずに1色でよしとし、また、まぶたの上で何度もブラシを往復させたりしないで、1回さっとほどこして終わりにしましょう。マスカラをどうしてもつけたいのなら、水で落とせるものを選び、ビューラーはやめたほうがいいでしょう。まぶたを刺激して瞼がゆるみかねません。

また、まぶたなど目のまわりの皮膚は薄くて繊細にできているので、異物であるアイシャドーやアイライン、マスカラなどが付着すると炎症が起きやすく、目元がくすむ原因にもなりますから注意が必要です。

アイメークはリスキーな行為。必要なときにのみ、必要最低限おこなうのが賢い方法です。

なお、リキッドライナーもマスカラも水で簡単に落とせるタイプは、まぶたへの負担が軽減しますので、使うのならこのタイプが断然おすすめです。

口紅やグロス、リップペンシルには界面活性剤がたっぷり含まれていますので、炎症や乾燥が起き、くすんできたり、縦ジワができたり、皮膚が薄くなったりといった唇の老化を促すことになります。３つすべて使えば、おしゃれな口元が演出できるのかもしれませんが、そんなに欲張っては唇を老けさせるばかりです。特別の日なら別ですが、ふだんはできるだけ使わないように気をつけたほうが無難です。

唇のためには、薄めにつけること。

濃くつければ、界面活性剤も多く浸みこむことになります。もちろん、できるだけこすらないようにつけることも大切です。

日焼け止めはなるべく使わない

日焼け止めにも界面活性剤や有害な化学物質が含まれていますので、肌を傷めます。なるべく使わないですませるのが、宇津木式スキンケア法です。

日焼け止めをつけるか、つけないかの判断は、連続して紫外線を浴びる時間が、15分以上か以下かを目安にします。つまり、15分以上続けて紫外線を浴びるなら、日焼け止めをつけますが、15分以下なら日焼け止め紫外線の害のほうが大きいので、日焼け止めはつけずに、帽子や日傘で肌を守ることです。

ちょっとゴミを出したり、近所のコンビニに行ったり、駅の近くにあるオフィスへ通ったり、といった程度で日焼け止めをつける必要はありません。帽子や日傘では地面や建物から反射する紫外線は防げませんが、その程度の紫外線は健康と美肌のためには、むしろ浴びたほうがよいのですから、神経質にならないことです。

お子さんと公園で遊んだり、営業で外をまわったり、といったときには、「連続15分」を超えるでしょう。戸外のスポーツや海水浴などでは、ヤケドしそうなほど日焼けすることもあります。このような場合に、はじめて日焼け止めをつけるのです。ただし、できれば、クリームベースの日焼け止めは避けて、ワセリンベースでノンケミカルのものを選びましょう（「ＶＵＶプロテクト」10ｇ１５００円　販売元／株式会社エメローゼン　Ｆａｘ／０４３・３０１・３７８２　Ｅ－Ｍａｉｌ／info-cu@aimeerozen.jp)。

ワセリンベースの日焼け止めなら、軽くせっけんで洗うだけですませられます。ワセリンが酸化するまでには数年ほどかかりますので、せっけん洗顔で落としきれなくて多少肌に残っても害はありません。

なお、ワセリンベースの日焼け止めが手に入らない場合は、ふつうの日焼け止めを使うしかありません。この場合も、かぶれることが多々ある紫外線吸収剤が配合されたもの、クレンジングを使わないと落とせないウォータープルーフのものなどは、避けましょう。

スタート時の「粉ふき」はワセリンでしのぐ

長年、熱心にケアをしてきた人はとくに、宇津木式スキンケア法を始めてしばらくは、経験したこともないような乾燥に悩まされるかもしれません。それまでもひどく乾燥していたのですが、化粧水やクリームなどをつけてベトベト、ギトギトにすることで、あたかも肌が潤っているかのように錯覚していたのです。

ところが、宇津木式スキンケア法ではごまかしはいっさいきかず、バリアのこわれたボロボロの肌がそのままむきだしになります。むきだしになった肌では毛羽立ち、粉がふき、表面がガサガサとかたく感じられ、場所によってはかさぶた状のガサつきがみられ、そして、小ジワも目立ちます。

あまりにつらくて、化粧水やクリームなどに手が伸びるかもしれませんが、ここが辛抱のしどころ、化粧品をつければ元の木阿弥《もくあみ》です。

少量のワセリンを手のひらにのばして、押しづけしてなんとかしのいでください。多くの場合、1～2か月後には肌の乾燥はおさまり、これら不快な症状からも解放されるでしょう。ある日、指先でふれてみると、肌はもっちり、ふっくら、すべすべになっていることうけあいです。

ところで、ひどい乾燥に悩まされるわけでもなく、すんなり化粧品をやめられる人も少なくありません。ケアをあまりしてこなかった人、ケアを適当にさぼっていた人、あるいは、かなり熱心にケアをしていても肌が生まれつき丈夫だった人たちです。

「角栓」と「ニキビ」は忍の一字で耐える

宇津木式スキンケア法を始めたばかりの頃には、人によっては、小鼻の横などにたくさんの角栓ができることもあります。角栓が伸びてボロボロと白い毛のようなものが出てくるのです。

化粧品のせいでほとんどストップしていた新陳代謝が、化粧品をやめることで正常な状態に戻ってきます。すると、毛根の上皮の働きも活発になってきて、堰《せき》を切ったように次々と新しい細胞がつくられるようになり、それらが毛穴をつまらせて角栓をつくり、さらに、その中身がタケノコ状の毛穴からトゲのような形となってたくさん出てくるのです。

放っておいても、角栓はかならずおさまってきます。人によっては時間がかかるかもしれませんが、耐えましょう。

あまりひどいなら、水洗顔のあと、その部分にワセリンをごく少量つけてもよいでしょう。フケ状のものが肌に密着して落ちつきます。

それでも追いつかないなら、薬局で面皰《めんぽう》圧子を買ってきて、湯上りなどに、角栓の部分を面皰圧子で圧迫して中身を押しだしてください。ただし、すぐに中身が出てこなかったら中止しましょう。無理に押しだそうとすれば、肌を傷めてしまいますので。

化粧品をやめて水洗顔に徹していると、ニキビが治ったり、減ったりする人が多いのですが、そのいっぽうで、しばらくはニキビができて悩まされる人もいるでしょう。けれど、この時期にニキビができるのは、宇津木式スキンケア法を始めたおかげで、化粧品の毒から皮脂腺も解放されてきたためにほかなりません。

化粧品の毒から解放された皮脂腺はその働きが一時的に活発になり、皮脂の分泌量が増えます。

ところが、いまだ新陳代謝が十分に改善されていないせいで、古くなった角質細胞がはがれづらく、角層は肥厚しています。そのため、皮脂の出口である毛穴がふさがっているので、ニキビができやすくなるというわけです。

これも一にも二にも辛抱です。宇津木式スキンケア法を続けていれば、しだいに新陳代謝が活発になって角層の肥厚も解消し、皮脂がスムーズに毛穴から出るようになって、ニキビも治っていきます。

マラセチア皮膚炎の可能性

ごくまれに、宇津木式スキンケア法を始めて、小鼻やあご先などのうぶ毛のまわりが乾燥して赤くなり、黄色い目ヤニが乾燥したようなものや、白か黄色の樹氷の枝のようなものが付着するようになる人がいます。これはマラセチアという酵母菌に感染している可能性があります。

長期間、化粧品を使いつづけてきたせいで、化粧品の防腐剤によって、皮膚を守っている常在菌のバランスがくずれ、やはり常在菌の1種であるマラセチアという酵母菌が異常増殖した状態のことがあります。感染症ですので、治りにくい時は皮膚科医を受診しましょう。

マラセチアとひとくちにいっても10種類以上あり、ふつうのクリニックで調べてくれる検査では、検出できないタイプのほうが多く、診断がつきにくいのが現状です。皮膚科医は症状を抑えるために、ステロイドや抗真菌剤を処方してくれるでしょうから、それらの薬でひとまず症状をとることです。

バリアがかなり壊れていると、ステロイドや抗真菌剤をつけると、かえって肌が赤くなることがあります。

化粧品も毛染めも症状を悪化させる原因となりますので、薬で治療している間はすべてやめます。

こうして症状がとれたら、少しずつ薬を減らしていきましょう。

ただ、マラセチア皮膚炎は薬で一時的に症状が改善しても、薬をやめると再発しがちなやっかいな病気です。根本的には自分自身の皮膚の常在菌が元気に再生するのを待つしかありません。

どうしても薬がやめられない場合や症状が改善しない時は、常在菌が元気に再生するまでは、基礎化粧品の防腐剤がマラセチアを退治するのを期待して、基礎化粧品を使っていたもとのスキンケア法にいったん戻します。基礎化粧品に含まれる防腐剤を、いわば薬がわりに使うのです。ただし、いつまでも基礎化粧品に頼っていては、常在菌叢《そう》が再生することは困難です。様子をみながら、基礎化粧品の量を減らしていくとよいでしょう。

宇津木式スキンケア法はあくまでも、ある程度、健康な肌の人を対象にしたケア法です。化粧品をやめると、トラブルが発生してやめられないのは、それ自体、肌が不健康で病的な状態であることを意味します。病的なものはスキンケアでは治せないこともあります。その時は皮膚科医の診察を受けて下さい。

基本の洗顔① 水洗顔

1 両手で水をすくい、その中に顔をいれる。

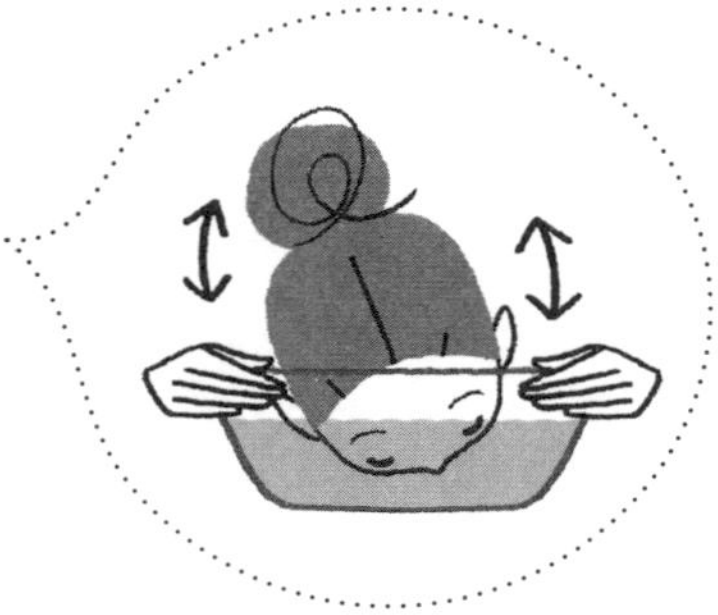

手のおけに顔をつけて洗う感覚です。

2 手のひら全体で顔にふれたまま、手のひらをやや強く押しつけては力を抜く、をくりかえす。手のひらと顔の間にある水を感じて。正面を洗ったら、顔の向きを変えて髪の生え際も気をつけて丁寧にくりかえす。

全体への注意

ただ水をかけているだけではだめ。
力加減は垢や皮脂のたまり具合で調整を。

基本の洗顔② 純せっけん洗顔

〈用意するもの〉
・純せっけん
・スポンジ（台所用のものでＯＫ）を
　５㎝角位にカットしたもの。

1 スポンジでせっけんを泡立てて、ピンポン玉程度の泡をつくる。

↓

2 指の腹で「うぶ毛洗い」。プリンの表面をなぜる程度にこする。

※ただし、柔らかいロウが薄くついているような時、また乾いた糊がついているように薄い皮がはがれて見える場合は、明らかに皮脂や垢がたまっているので、ある程度強くこすって落とす。明らかな垢の堆積はさせない。

↓

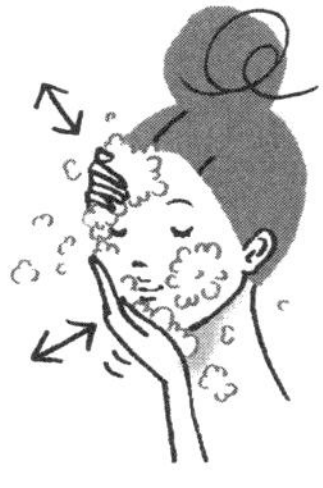

3 「押し洗い」をする。泡をつけた手のひらを、ひたい・ほおに押し当てたまま、皮膚を押す力を強めたり緩めたりを素早く反復する。

※洗顔中は、手のひらが顔の皮膚に触れたまま離れないように動かすのがコツ。よく洗う時はやや強めに、水で流す程度のときは軽く触れる程度に力を入れる。

↓

4 水洗顔の要領ですすぐ。

全体への注意

洗顔する力と回数は、日々の肌の状態に合わせて適度に調節する。洗いすぎも洗わなすぎもトラブルのもと！

注意点

バシャバシャと水を強く当ててはいけません。シャワーを使う時は、水温と水圧は低めを心がけましょう。

基本の拭き方

タオルを軽く押しつけて
洗顔後はすぐにタオルで水気を拭きとります。肌をこすってはいけません。タオルに十分に水分を吸わせる感覚で、静かに肌を押しつけて。

ワセリンのつけ方

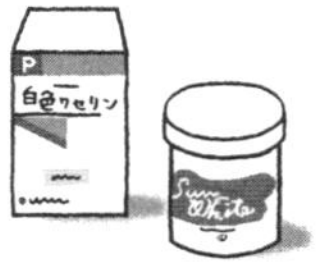

〈用意するもの〉
・ワセリン…ワセリンは純度の高いものを選ぶ。薬局で「白色ワセリン」を求めてください。

1 綿棒でごま粒1つ分をとる。

雑菌が入らないように、指ではとらないこと。

2 直接顔に塗るのではなく、手のひらをこすりあわせてワセリンをなじませる。

手の温度をしっかり使ってのばすイメージ。

3 乾燥や粉ふきが気になるところにだけ、手のひらをそっと押し当てる。

くちびるケア

肌と同じく、ワセリンをつけすぎないように注意。綿棒でごま半粒分をとり、指先に広げながら押しづける。

アイメークの落とし方

マスカラは、ぬらした綿棒の2本使いではさんで落とす。

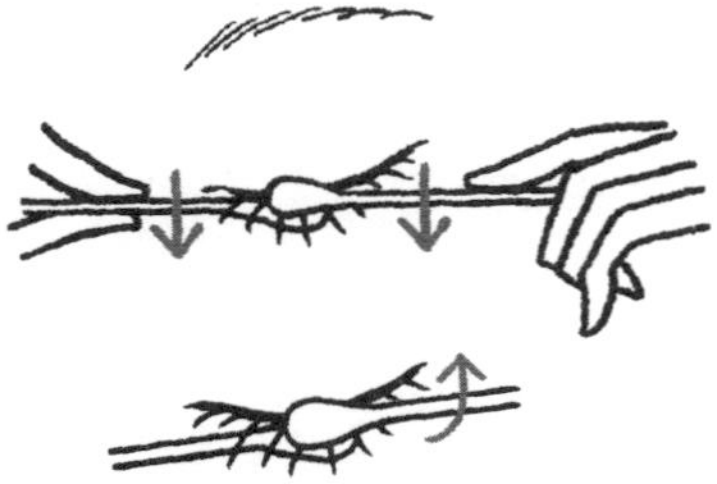

落ちにくい時は、せっけんを少しつけて下の綿棒を台にして、上だけをころがす。

アイシャドーはころがしとり。

水にぬらした綿棒を1～2回転がす。とれなければ少しせっけんをつけて。

注意点 **完全にとりきる必要はなし！**

第4章

実践者の悩み&疑問にお答えします

Q クマが気になるときには、そこだけファンデーションをぬるのもありですか?

A クマを悪化させるので、ぬらないほうが賢明。休憩や深呼吸で和らげましょう。

ただでさえ皮膚が薄くてバリア機能の弱いまぶたにファンデーションをぬることはおすすめできません。クマを和らげる効果をうたったアイクリームなどもつけないにこしたことはありません。アイクリームの油分で目元の肌が一時的には潤ってみえますが、実際には、界面活性剤や化学物質によって肌はボロボロになっているのです。

ファンデーションやアイクリームなどの化粧品に頼るよりも、5分でもいいから、一日2~3回、手足をだらんとさせて目を閉じて、目のまわりの皮膚や筋肉を休めるほうがよほど効果的です。また、深呼吸をして酸素をたくさんとりいれれば、血液の色がきれいな赤色になり、クマの黒っぽい色がいくぶん薄くなります。

クマの対策には睡眠をきちんととり、バランスのいい食事を心がけることが欠かせません。ストレスがかかると、交感神経が緊張し、血管が収縮して血流が悪くなり、クマが濃くなります。ストレスと上手につきあう方法をみつけておくことですね。

Q 基礎化粧品を断って2週間ほど、鼻とほおの皮がめくれて悲惨な状態です。

A いまこそ辛抱のしどころです。宇津木式スキンケア法を続ければ、肌はかならず潤ってきます。

皮がむけるほど極度の乾燥状態は、バリア機能がひどく破壊されているためです。おそらく、熱心にスキンケアを続けてきたことが原因なら必ず改善します。

基礎化粧品を断ったというお話ですが、せっけんはどうでしょう？　もし純せっけんを使っているなら、それも一時やめて、水洗顔に徹することです。純せっけんは合成洗剤よりも肌へのダメージは少ないとはいえ、洗浄力は強いので、毎日使っていると、バリア機能の回復は大幅に遅れてしまいます。

水洗顔ですませるために、ファンデーションをきっぱり断つか、あるいは、界面活性剤や油分を含まないパウダリータイプのものに切り替えてください。

華やかな席などに出るために、やむをえずリキッドやクリームファンデーションをぬったら、その日は、純せっけんで洗顔するしかありません。できるだけ短い時間で、さっと洗い、少しファンデーションが残っていても気にしないことです。

せっけんをいっさい使わず、水洗顔に徹しているのに、いっこうに肌の乾燥がおさまらない患者さんがいました。よくよく聞いてみると、熱いお湯のシャワーを勢いよく出して浴びていました。水温は34度以下の「ぬるま水」を厳守し、シャワーの勢いも弱めにすることです。

以上を守れば、徐々に乾燥はやわらぎ、皮のむける症状も消えていきます。ガサガサの肌では気も滅入《めい》るでしょう。化粧水やクリームなどをつけたくもなるかもしれません。けれど、肌自体がつくりだす保湿膜を健康にするしか、乾燥肌を治すことはできません。基礎化粧品を使えば、保湿膜をこわすことになりますので、根本的な解決になりません。辛抱しましょう。

Q ストレスがたまって気分も肌も沈みがち。気持ちを上げるには？

A 「ああ、幸せ！」などの肯定的な言葉を発すると、脳からリラックス成分が分泌されます。

ストレスはガンなど、すべての病の誘因になるほどで、心身にさまざまな悪影響をおよぼします。もちろん、皮膚への血流が悪くなり、新陳代謝が低下するなど、美肌の大敵でもあります。

ストレスを上手に解消するには、体を動かすことが効果的です。1日30分以上速足で歩いたり、ストレッチでもヨガでも軽い体操を定期的におこなうとよいでしょう。

ドラマやバラエティをみて思いきり笑うと、すっきりしますし、声を出して歌ったあとは気分が晴れ晴れします。笑う、歌う、という時間を意識的にとるようにすると気分が明るくなります。

深呼吸は副交感神経を優位に働かせることで、心身ともにリラックスさせてくれます。3〜4時間ごとに深呼吸をしましょう。1回につき3〜4回くりかえせば十分です。

時間をかけて、よく噛《か》んで食べることも副交感神経の働きをよくして、緊張を和らげることに役立ちます。

「ああ、いい気持ち!」とか「ああ、うれしい!」とか「ああ、幸せ!」などと5〜6回心をこめて、なるべく大きな声でいってみましょう。このポジティブな言葉に脳が反応して、エンドルフィンなどのリラックスする成分を出してきます。

逆に、「ああ、疲れた!」「もういやになる!」「しんどいなあ!」「最悪!」などといったネガティブな言葉は発しないことです。脳はそれらの言葉に反応して、体を休ませてやろうと、疲れたり、体がだるくなったりするサイトカインという成分を分泌することが証明されています。
このように、緊張をとりさってリラックスするための習慣をとりいれることは、ストレスを上手に解消するためにとても重要です。
なお、まぶたが開きにくく、ひたいにシワが多いようなら、眼瞼下垂《がんけんかすい》の治療が必要かもしれません。目の開きにくさは交感神経緊張の大きな要因となりますので。

Q 日焼け止めクリームをつけた日は、乳化剤みたいなものが肌に残って気になります。

A 2度洗い厳禁。日焼け止めは純せっけんの1回洗顔で。肌に残った分は数日かけて落とします。

2回は洗いすぎです。肌へのダメージが大きく、翌朝の肌はひどく乾燥しているはずです。ふつうの日焼け止めクリームは、水洗顔だけでは落とせませんので、純せっけんを使いますが、洗うのは「1回のみ」を守ってください。簡単に落とす程度に洗えば十分。残りは、数日かけて落とす感じです。

ワセリンベースの日焼け止めを使っているのなら、さらに害は最小限ですみます。ワセリンは何年も酸化しないし、皮膚の中に溶けこむこともないからです。せっけんだけでは落ちなかったワセリンの日焼け止めも、数日後には垢《あか》と一緒に落ちますので安心してください。

Q マスクでほおまでおおえば、日焼けも防げることに気づきました！

A マスクは肌を乾燥させます。気を付けてください。

マスクをかけたままで話をすると、口を動かすたびにマスクで肌がこすれて、バリアをこわすきっかけになり、肌が乾燥してきます。それじゃあ、しゃべらなければいいのかというと、寒い所では呼気とともに口や鼻から出た水滴が、マスクの中にたまって皮膚に付着し、それがまた肌を乾燥させます。

花粉症や風邪の季節などにはマスクも必要でしょう。でも、紫外線対策としてマスクをするのはほどほどにしましょう。健康のためには1日に合計5〜10分は紫外線を浴びることが必須なのです。このことをどうか理解して、必要以上に紫外線を怖がらないでください。

Q 顔剃《そ》りは肌を傷めますね。シェーバーならダメージが少ない気がしますが。

A シェーバーよりカミソリのほうが肌にやさしいのです。

うぶ毛でも、毛剃りは角層や毛穴を傷つけがちです。それでも、安全カミソリのほうが電気シェーバーよりはましです。電気シェーバーだと、軽く剃っただけでは毛が長く残ってしまうので、つい強く刃を押しあてがちです。

毛穴にシェーバーを押しつけると皮膚は三角のコーン状に突出していますから、コーン状に突出した部分までそぎおとしてしまい、その傷で毛根が茶色くなって肌がくすんだり、茶色くなった毛根を中心にシミに発展したりします。

いっぽう、切れ味の鋭いカミソリならシェーバーよりも軽い滑りで剃れますので、その分、肌を傷めずにすみます。

刃を皮膚に押しつけないで軽く剃ること、そして、同じ場所を何度も剃るのではなく、1～2回軽く剃って終わることです。

クリームやせっけんをつけてはなりません。肌をわざわざ乾燥させるようなものです。もちろん、腕や脚のムダ毛を剃るまえに、せっけんをぬることもやめてください。

顔も体も、何もつけずに軽くさらっと剃るのがいちばん。

Q ワセリンベースの日焼け止め、もう少し安いとありがたいのですが。

A 少数をほぼ手作業で生産しているので、割高になってしまいます。

ワセリンベースの日焼け止め、「VUVプロテクト」は10gで税込み1500円。市販の日焼け止めに比べると高いことはたしかです。

「VUVプロテクト」は、私が診療に必要なため質にこだわって、ほぼ手作業で作ってもらっている特注品です。数が少ないので高い生産コストがかかっています。

また、「VUVプロテクト」を販売する際には、クリームやローションなどの日焼け止めは皮膚のバリアをこわすので肌に悪い、という説明をすることになります。

ふつうの化粧品メーカーは、製造も販売協力もしてくれるはずがありません。

(株)エメローゼンさんには、手間や採算を度外視して、好意で作って販売していただいており、私は、大変感謝しています。

将来、購入してくれる人が増えれば、価格は下げてもらえると思います。

Q 顔色が悪くみられます。ファンデーション以外に血色をよくする方法は？

A パウダーのほお紅を薄くつけてはどうでしょう。

ほお紅をうっすらつけるだけでも、顔色がよくみえるでしょう。練りのほお紅は、つけるときに肌をこすりますし、界面活性剤が入っていますので、毎日は使わないでください。ふだんは、パウダーのものを選びます。

ほおはひたいや鼻のまわりなどに比べると、もともと乾燥しやすい部分ですし、パウダーは肌を乾燥させます。ごくごく少量のワセリンをつけておくとよいでしょう。

綿棒の先に微量のワセリンをとって手にのばし、肌を軽く押さえながらつけます。

つけすぎは禁物。ワセリンといえども、つけすぎると肌を乾燥させてしまいます。

Q シミが目立ちます。コンシーラーだけならぬってもOKですか？

A コンシーラーもファンデーションも同じもの。シミをかえって濃くします。

コンシーラーの中身はリキッドファンデーションとほぼ同じです。界面活性剤と油分をたっぷり含んでいますので、炎症を起こして乾燥やメラニンを増やす原因になります。また、シミのできている部分の肌は物理的な刺激に対して敏感です。コンシーラーの刺激で、かえってメラニンが増えてしまいます。

つまり、シミを隠したい一心でつけたコンシーラーによって、シミをさらに濃くすることになりかねません。また、シミやソバカスを隠したいからと、リキッドやクリームのファンデーションを毎日つけつづければ、肌は乾燥して、老化への道をまっしぐらに突きすすむことになります。

シミをなんとか隠したいという気持ちはわかりますが、コンシーラーもファンデーションも何もつけないでください。宇津木式スキンケア法でかならずしもシミが消えるとは限りませんが、おおぜいの方たちが薄くなっていますし、消えた方もいます。最初、シミの中心のほうが薄くなって、それがだんだん外側へと広がり、最後に輪郭がうっすら残って、それもやがて目立たなくなるというプロセスが多いようです。

とはいえ、シミが薄くなるまでには、かなりの期間がかかるかもしれません。それまで待てなくて、悪いとわかっていてもコンシーラーやリキッドのファンデーションなどをつけてしまう人は多いようです。そういう人は、レーザーでシミをとるのも選択肢のひとつです。いつまでもコンシーラーのお世話になって、肌を傷めつづけるよりもずっとよいでしょう。肌のためにも、そして心のためにも。

Q 秋になって肌が乾燥します。化粧水をスプレーでかけるくらいはOKですか？

A 化粧水をつけると、肌はいっそう乾燥します。

スプレーでかけようが、ボトルから手にとって使おうが、水の害に肌をさらすことにかわりはありません。

化粧水の90％以上はただの水。「水」という響きから、肌のみずみずしさを連想するかもしれませんが、水は時間がたてばかならず蒸発します。肌につけた水が蒸発したあとは、ちょうど水にぬれた本が乾くとき、ページの端がそりかえって隙間があくように、角質細胞の端がカールして、あちこちに隙間ができてしまいます。その隙間から皮膚の水分が蒸発していくのですから、化粧水をつけるまえよりも肌がいっそう乾燥します。

しばらくはつらいでしょうが、肌が健康な状態に戻る日がかならずくることを、そして、乾燥知らずのサラサラの肌になる日がくることを信じて、辛抱してください。宇津木式スキンケア法を続ければ、肌は1年1年確実にきれいになっていくのですから。

それまでは、どうしても必要ならごく少量のワセリンの助けを借りてしのぎます。ただし、ワセリンをつけてもいいのは、原則として、次の3つの場合のみです。

① チクチク痛んだり、かゆい時
② 粉をふいたり、強いつっ張りが続く時
③ 周囲の湿度が30%以下で、空気が異常に乾燥している時

②では、少しだけ多めにつけてもかまいません(といっても、ベトベトするほどではつけすぎです)。せいぜい2~3日でやめましょう。症状のあるところだけにつけること。不要なところにまでつけると、肌を傷めます。

Q ワセリンで肌が少しでもベタっとしたら、つけすぎですか？

A 明らかにつけすぎです。肌が乾燥してしまいます。

肌にさわって、ついていることがすぐわかるようなら、つけすぎです。ベタベタしていたら、もう明らかにつけすぎ。肌が乾燥してしまいます。

ワセリンを顔につけたあと、その肌に鏡を押しあててみてください。鏡がうっすら曇る程度が適量です。鏡に白い油膜がべっとりつくようでは、明らかにつけすぎです。

つける前から白い油膜が鏡につく時はワセリンをつける必要はありません。

少量をつけてみて、もし足りないと感じたら、1〜2時間してからまた微量つけるようにします。万一、つけすぎてしまったら、ティッシュペーパーを顔に広げて、上からそっと手で押さえ、ワセリンを吸わせましょう。

ワセリンは数年間、酸化しないので、せっけんで洗いながす必要はありません。水洗顔だけで垢といっしょに自然に落ちてなくなるのを待てばいいのです。

Q 手の指が乾燥します。ハンドクリームはつけてもいいですよね？

A 手にもクリームはNG。手肌が乾燥してしまいます。

ハンドクリームでは手荒れを治すことはできません。防ぐこともできません。いっそう乾燥させるだけです。クリームに含まれる界面活性剤や油分によって肌のバリア機能を破壊されることは、手でも顔でも同じことなのです。

手肌を乾燥や荒れから確実に防ぐのが、手袋です。食器洗いや雑巾《ぞうきん》がけなどの水仕事にゴム手袋をつけるだけで、手荒れは劇的に改善します。ゴム手袋は手肌を水と洗剤から完璧《かんぺき》に守ってくれるからです。

ゴムにかぶれる人もいますので、その場合は、下に木綿の手袋をするか、プラスチックやビニールの手袋を使えばよいでしょう。

土やホコリも手荒れの原因になるので、手肌を守りたいのなら、ガーデニングや拭《ふ》き掃除でも軍手など手袋をして保護するべきです。冬の外出でも手袋で手肌を守ります。

ひどい手荒れを起こしている人は、シャンプーやトリートメントもやめてみてください。それらに含まれる界面活性剤と化学物質の刺激に手肌をさらしつづけることになりますので。

純せっけんで洗い、そのあと、小さじ半分ほどのクエン酸を洗面器1杯の水に溶かした自家製のリンスで仕上げます。純せっけんで洗う場合も、手袋をつけることをおすすめします。

Q シャンプーをしないかわりに、熱めのシャワーで長い時間、流しています。

A 髪も34度以下の「ぬるま水」で洗うのが理想です。

シャンプーで洗うよりは、界面活性剤も化学物質もいっさい含まないお湯で洗ったほうが、頭皮や毛髪のためには、はるかにいいので、私も脱・シャンプーを提唱しています。

ただし、37度以上のお湯には、せっけんに相当する洗浄力がありますので、洗い過ぎると頭皮を乾燥させて、頭皮を薄くしてしまいます。

洗髪でも洗顔でも、34度以下の「ぬるま水」を使うのが基本です。

この温度のぬるま水で適度に洗っているぶんには頭皮を乾燥させる心配はまずありません。

ただ、シャンプーをやめてしばらくは、皮脂腺が十分に縮んでいないので、頭皮や髪のベタつきやニオイが気になるかもしれません。そのようなときには、35〜37度の熱めのお湯で洗い、それでも耐えられないほどベタつくなら、温度をもう少し高くして洗います。それでもだめなら純せっけんを使います。

途中で挫折《ざせつ》しては元も子もありません。あまり無理をしないことです。とはいえ、熱いお湯やせっけんを使うほど、皮脂腺が縮んでくるまでに時間がかかり、ベタつきから解放されるのが遅れてしまうジレンマが悩ましい問題となります。そして、熱いお湯やせっけんで頭を洗っているときには、それらが顔や体にもあたり、肌を乾燥させてしまうことも、お忘れなく。

なお、シャンプーやトリートメントに加えてせっけんをやめるとたいていの女性は肌の状態が急カーブを描いて劇的によくなります。自分自身で実感するほどよくなる方もいます。界面活性剤などが顔に垂れてこなくなるためと思われます。

Q ロングヘアです。シャンプーもトリートメントもやめたら、髪がゴワゴワして櫛がとおらなくなりました。

A シャワーを浴びながら、ブラシで髪を梳《と》かすしかありません。

毎日、シャンプーとトリートメントを使いつづけていれば、髪を守っている自然のコーティングも完全にとれて、ひどく乾燥しているはずです。自然界の動物なら、雨露をはじくことができず、寒さも防げずに死んでしまう状態です。

このような状態の髪でもトリートメントで「糊付《のりづ》け」すると、指どおりもなめらかになりますが、トリートメントの界面活性剤で頭皮も髪も、そして顔や背中や胸元の肌もダメージを受けてしまいます。

だからといって、トリートメントをつけないと、髪はゴワゴワのままで、とくにロングヘアの場合は指も櫛もとおりません。その場合は、シャワーを浴びながら、ブラシで梳かし、そして、そのままタオルで髪を押さえるようにして拭いてから、地肌をこすらない様にブラッシングしてください。健康な髪がのびてくれば、櫛のとおりはよくなります。早くそうなるように、辛抱して水洗髪を続けてください。

Q デパートの化粧品売り場で、肌年齢60歳、といわれました。まだ42歳なのに！

A 60歳と診断した根拠をしっかり確認しましょう。

商品を買わせる手口かもしれませんが、せっかく検査してくれたのですから、疑う前に、なぜ60歳という診断になったのか、根拠を教えてもらいましょう。

できれば、次に来た時に、前回よりも老化したか、若くなったかがわかる様に、できるだけ詳しく聞いて、内容をしっかりとメモしておくといいと思います。

ただし、マイクロスコープや、皮膚の機能を測る計測器は、少しのことで結果が大きくかわります。ちゃんと調べても、肌の状態を診断するのは難しいのです。

顔の皮膚は、部位によって、乾燥や老化の進み具合が全く違います。頬の頂点（一番出っ張ったところ）が一番乾燥がひどく、早く老化します。通常は、この一番悪い部分を検査します。皮膚の状態をあとで比較する時は、ほくろなどを目安に、全く同じ部位を比較しないと意味がありませんから注意してください。

このような検査に頼るよりも、肌年齢などの皮膚の状態を精査診断してくれる美容皮膚科を受診して、一度、きちんと精査してもらうことをおすすめします。

Q シャンプーや化粧品の香りをまとっていないと、女子でなくなった気分がします。

A 自分好みのほかの香りをつけて楽しんでください。

香りがまったくないと、さびしいと思うならシャンプーや化粧にかわる、新しい自分の香りをみつけて髪の毛先につけてみたらいかがでしょうか。

香水やオーデコロンもありますし、もっとひかえめで、ほのかな香りが好みの方には、練り香水もあります。

ただ、最近、香り公害のまん延が問題になってきています。例えば、25年9月、国民生活センターが柔軟剤のニオイに対する苦情と健康被害が急増しているという情報を公表しました。以前は微香タイプが主流だったのが、近年は香りの強い外国製品が流行していることも背景にあるのだそうです。ニオイに鈍感な人が増えて、敏感な人が迷惑をしている様です。柔軟剤のみならず、シャンプー、リンス、せっけん、洗剤、化粧品、タクシーに乗れば、車の中まで強い脱臭剤の香りが漂っています。

私は、医師たるもの、香料をつけて患者に接するべからず、と厳しく指導されましたので、香りのつくものは、一切使わない生活をしてきました。そのため、洗剤や化粧品などの人工的な香りは、きつすぎてトイレの脱臭剤のように感じます。強い香りのなかで生活していると、ニオイの粒子がつねに鼻粘膜のニオイセンサーにとりついてニオイに鈍感になります。鼻が曲がる程息のくさい人でも、自分はそれに全く気づかないのと一緒です。ニオイセンサーを常に人工的なニオイ粒子で満たし続ける生活は、頭痛がしてきそうではないですか？

Q 椿油や馬油は昔からあるものだし、安全ですか？

A オイル類は「天然もの」でもNGです。

昔から使われてきた自然界に存在するものだから安全、という理屈は間違いです。油の害はいろいろありますが、次の3つは覚えておいてください。

1　油が角層の表面につくと、角質細胞が「垢」としてはがれにくくなり、新しい細胞が生まれにくくなります。この状態が長く続くと、角層は厚くなりますが、表皮と真皮は確実に薄くなります。メラニンを含む角層が厚くなると、くすみが増し、皮膚表面は硬く、キメが浅くなりビニールのような肌になります。表皮が薄くなると、血管や筋肉の色が透けて、色むら、赤ら顔、顔色の悪さが悪化します。

2 油が毛穴や角層の亀裂に浸入すると、酸化して炎症を起こし、乾燥肌、粉ふき、赤ら顔、くすみ、などの原因になります。

3 油は油脂に容易に溶け込みます。保湿膜の重要な要素である、細胞間脂質に油が浸透すると、いかなる油も不純物として細胞間脂質の機能を低下させます。

医学的にみて、生体組織に安心して使える油は、現時点ではワセリンだけです。

Q 化粧品が肌に悪いことはわかったけれど、それならどうしてこんなに宣伝をして売っているの？

A 化粧品の害については、未だ医学的に誰もが認める周知の事実とはなっていません。そのため買う人がたくさんいるからでしょう。

安全かどうかわからない化粧品が、日本でおおっぴらに売られるはずがない、と考えるのは、大きな間違いです。

化粧品やシャンプーなどは、人によっては、毎日、何十年にもわたって使い続けますが、何十年使っても安全であるということは調べられておらず、その保証はありません。医学的に化粧品の効果や害について調べる時でも、長くてせいぜい半年、たいていは数ヶ月程度の結果と安全性しか調べません。

自分の健康や安全は自分で守るしかないのです。

しかし、それでも現在、ほとんどの女性は化粧品を毎日大量につけていますから、化粧品業界は、莫大な売り上げをあげています。そのため、化粧品会社は無数にありますが、どこの会社の製品も値段に無関係に、中身は大同小異のため、消費者は購入する商品を、広告によるイメージだけで決めるしかないのが実情です。そこで熾烈な広告合戦になっているのだと思います。

Q 職場はばっちりお化粧をした女性ばかり。そんな中でスッピンだと、変人扱いされそうで。

A あなたがスッピンかどうかなど、他人にはどうでもいいことかもしれません。

スッピン顔は、化粧顔より明らかに劣る、と多くの女性が思い込んでいます。それは間違いです。

スッピン美人になると、周囲の人達に、どこのファンデーションをつけているのか聞かれるようになったり、ファンデーションをつけていないとは思わなかったと、驚かれたりするようになります。これは、ノンファンデーションを続けている私の患者さん達から異口同音に聞く本当のことです。なんとなく気になる不思議なきれいさ、と肌を褒められたという患者さんもいらっしゃいましたが、化粧美人には化粧美が、スッピン美人には素肌美があります。これは、どちらが上ということはなく、好みの問題だと思います。若いころは、化粧美人をめざしがちです。しかし、ある年齢をこえたら、むしろ素肌美人のほうが私は、肌に品格を感じます。特に、昼間はそれを強く感じます。

ただし、くすみやシミの多い顔や赤ら顔の方では、それを隠すためにしょうがなくファンデーションを使っているという場合もあります。そういう事情がある場合の化粧は、目的が、美容というよりも治療ですから、最小限の副作用で、最大限の効果をあげる工夫をしながら化粧をおおいに活用したほうがいいと思います。

宇津木式のスッピンは、全く化粧をしないというのではありません。ポイントメークは許容範囲と考えています。

口紅をつけて、眉《まゆ》も描き、ぬるま湯で落とせるマスカラもアイラインも使えますから、メークにかんしては、社会人としての身だしなみは合格点がとれるでしょうし、職場の他の女性たちに負けず劣らず華やかな雰囲気をかもしだすこともできるはずです。

Q 乾燥肌なのに、化粧水もクリームもつけられないなんて。どのように耐えればよいのでしょう。

A 基礎化粧品という「麻薬」を断つには、少しずつつけるのを減らしていくのがベスト。

乾燥肌の原因のほとんどが、化粧品の使いすぎです。乾燥肌を治すには、化粧品を断つのがもっとも効果的な方法であることは、すでに理解していただけたと思います。それでも、いざ化粧品を断つとなると、多くの女性が不安でたまらなくなるのは、基礎化粧品に「麻薬」のような魅力というか、作用があるためでしょう。

化粧品をつけると、肌がしっとり、なめらかに感じます。が、これは錯覚でしかありません。化粧水やクリームなどで肌の表面をベタベタ、ギトギトにしているだけのことで、ベタベタ、ギトギトの下では、化粧品の界面活性剤や油分や水分などのもろもろの害によって、肌は新陳代謝もできないほど傷めつけられ、薄くなり、乾燥し、干からびているのです。

このような不健康な状態では、何かつけずにはいられません。そこで、基礎化粧品をつけます。すると、肌はたちまちしっとり、なめらかになり、気分まで明るくなります！　しかし、実際には、肌はますます乾燥することになりますから、基礎化粧品をますます手放せなくなっています。つまりは、「化粧品依存症」になっているのです。

この依存症から脱するには、干からびた肌をさらしたままで、ときにはワセリンの力を借りて、でも基礎化粧品はつけずにふんばり、耐えぬくしかありません。どうしても無理なら、できるだけ少しずつつける量を減らして下さい。

そして、このつらい期間に頼もしい助っ人となるのが、イメージ療法です——。

顔に手をあてて目を閉じ、たとえば、粉ふき状態が治って肌が美しくなったときの気持ちを想像し、その気持ちになって心から「あー、よかった」と5回ほど口に出して、喜びをかみしめましょう。このとき、神さまでも仏さまでもイエスさまでもなんでもいいですから、治してくれたと思える対象に心から感謝をするのです。気持ちが軽くなる感触があれば効果があります。

化粧品をつけたかった気持ちがやわらぎ、精神的な状態はベストになります。これを1日3回でも4回でもやってみてください。イメージ療法は医学的にも効果が認められている方法です。

Q ファンデーションをパウダリーのタイプにかえたら、お化粧のりが悪くて困っています。

A ワセリンを下地がわりに使うとよいでしょう。

油分や界面活性剤がまったく含まれていないか、大幅にカットされているのがパウダータイプのファンデーションです。まだ素肌に自信のない段階で、いきなりスッピンにはなれないという人には、おすすめです。

ただ問題は、長年、化粧品で熱心にスキンケアをしてきた人は、肌のキメがほとんど消滅しているため、油分などを含まないファンデーションは肌にうまくのらないし、すぐに化粧くずれしてきてしまう点です。

この場合は、ごくごく少量のワセリンを下地がわりに押しづけしておくと、肌に粉がなじんで化粧がのりますし、化粧くずれも防げます。

フェースパウダーもワセリンを同様につければ、肌なじみがよくなります。また、華やかな席に出るときなどに、どうしてもリキッドやクリームのタイプで仕上げたいというなら、やはりワセリンをごく薄くぬっておくのも効果的です。肌を界面活性剤や油分から、多少とも保護することができます。

いずれの場合も、ワセリンのつけすぎは禁物。肌にふれてもつけていることがわからないほどの微量に抑えてください。

ところで、リキッドやクリームのタイプは、クリームという「接着剤」に粉を混ぜることで、キメのなくなった肌にもぴたっと貼りつかせることができます。そのようなペンキみたいなものを毎日、肌にぬりこんでいて、肌の健康が守れるはずがありません。

つややかで、みずみずしい肌に仕上げられるリキッドタイプがおすすめ、などという女性誌の記事に乗せられて毎日使ったら、肌はボロボロになってしまいます。

Q 唇が乾きます。リップクリームやバームを使いたいのですが。

A ワセリンにしてください。

リップクリームは界面活性剤や油分を含みますので、使わないでください。唇は一種の粘膜ですから、他の部分よりもダメージがさらに大きくなります。

リップバームには蜜蠟《みつろう》や香油、メンソールなど、商品によってさまざまな物質を含んでいますが、いずれも唇の乾燥を治す効果はワセリン以上ではありません。

というわけで、安全に使えるのは、やはりワセリンだけです。また、唇が荒れる人は、かならずといっていいほど、唇を舐《な》めるクセがあります。ワセリンでコーティングしておけば、多少舐めても、唾液《だえき》が直接、唇につかないので、乾燥しにくくなります。

Q 背中にニキビができます。治す方法はありますか？

A シャンプーがつかないように注意して、体もせっけんを使わず、水で洗ってみて下さい。

肌が乾燥していると、角層がかたくなり、毛穴をふさいでしまいがちです。そのような状態で皮脂が過剰に分泌されると、皮脂は出口を失って毛穴にたまり、中で炎症を起こします。つまり、肌の乾燥と過剰な皮脂分泌が、通常のニキビのできる理由です。それに加えて、毛穴の炎症が誘引になります。

肌が乾燥する原因も、皮脂分泌が増える原因も、さまざまですが、背中や、そしてひたいにだけニキビが多い場合は、毛染めやシャンプー、リンスなどのヘアケア製品によるアレルギーの可能性もあります。また、背中はタオルをたすき掛けにして、ゴシゴシ洗うので、毛穴の入口（皮脂の出口）がタオルで損傷されて傷がついたり炎症を起こしたりしていることも考えられます。

そこで、ヘアダイはできればやめていただきたい。毛染めをしてから2か月間は、毛に付着した化学物質が洗髪のたびに顔や背中などに流れて、炎症を起こし、肌のバリア機能をこわして肌を乾燥させてしまいます。どうしても染めたいなら、自分に合ったヘナかヘアマニキュアにかえましょう。

ボディクリームなどのボディケア製品も使わないことです。界面活性剤や油分が肌を乾燥させます。同じ理由で、ボディシャンプーもやめるべきです。

せめて、純せっけんで洗いましょう。この場合も、手につけたせっけんで、さっと洗って終わりにします。せっけんをタオルにつけて、たすき掛けにしてゴシゴシこするのは御法度。肌を限りなく乾燥させてしまいます。

けれど、純せっけんの洗浄力はかなり強いですから、肌を乾燥させますし、皮脂もきれいに落としてしまうので、体はうばわれた皮脂を補おうと、皮脂腺を発達させて皮脂を過剰に分泌させるようになります。

いちばんのおすすめは、体もぬるま水だけで洗うことです。水で洗えば、肌の乾燥は改善し、同時に、過剰な皮脂分泌も抑えられます。このように、水だけで洗うことで、ニキビをつくる２大原因をとりのぞけます。

なお、ナッツや甘いもの、油分の多いものは、皮脂の分泌を促しますので、ひかえたほうが賢明です。

Q コラーゲンのサプリを飲んでいます。効いているのでしょうか？

A 効く人と効かない人がいます。

医学的には効くという確実な証拠はありません。胃腸で分解されてペプチドやアミノ酸にかわって吸収されますが、それは、肉や魚などのタンパク質を食べたのと同じことですから、何かに特別な効果を発揮するということはありません。

体の中からきれいになる、などという宣伝文句とともに、コラーゲンやヒアルロン酸などのサプリメントが売られていますが、これらを飲んで「お肌がぷるぷるになる!」なんてことはないのです。

例えば、コラーゲンはいろいろなアミノ酸が鎖のようにつながったタンパク質です。分子量がとても大きいので、そのままでは腸から吸収できません。そこで、まず酵素によってペプチドに分解され、さらに小さなペプチド(オリゴペプチド)やアミノ酸に分解されて、ようやく体内に吸収されます。つまり、コラーゲンがそのままの形で、体内で吸収されて皮膚に届けられることはありえません。また、たとえペプチドやアミノ酸として吸収されても、人の皮膚を若々しくしたり、美肌にするという科学的な根拠もありません。そのような、信憑性のある研究データが出れば、世界中のサプリメント会社は、大喜びするでしょうね。

効果がないことがわかっているのに、高価なサプリメントとして、大人気で売れていることは、面白い現象だと思います。

このことはヒアルロン酸でも同じです。

したがって、高いお金を出してこのようなサプリメントを買うくらいなら、。睡眠を十分にとり、適切な食事と適度な運動に気をつけるほうがよほど、体の中からきれいになれます。

宇津木式スキンケア法では、余計なものを肌に与えるよりも、できるだけ何も与えない方法のほうが、はるかに健康美肌になる人が多いことを説明しました。内からの美容健康法にもその原則はあてはまります。体内に余分なものを取り込むよりも、むしろ一回の食事の量を3割くらい減らしたり、時には1食抜く、一食断食をするほうが、胃腸を休ませ、免疫機能も高めるので、健康にも肌にもずっと良い結果を生みます。

テレビや雑誌の販促情報（宣伝）に惑わされないことですね。

このように、科学的には全く効果がないはずの薬やサプリメントでも、人によっては、驚く程効果が発揮されることがあります。そのような効果を、プラセボ効果とか偽薬効果といいます。例えば、ある病気の患者さんが１００人いる時に、とてもよく効く薬だといって、薬の効果など全くない小麦粉を飲ませると、必ず数人は、よくなる人がでてきます。治療対象によって、多い時には、１００人中80人以上の患者さんが、治ってしまうことすらあります。それが、人間の面白いところであり、深遠なところです。特に、その薬の効果を強く信じている人ほど、効果がでやすい傾向があります。

第5章

さらに美しくなるための基本習慣

脱・シャンプーで美肌度が飛躍的にアップ

界面活性剤や化学物質が大量に含まれていることは、シャンプーも化粧品も同じです。洗髪のときにシャンプーが顔につけば当然、その界面活性剤によって肌を傷めてしまいます。そこで、化粧品を断ったついでにシャンプーもやめて、ぬるま水洗髪にしてはどうでしょう。

患者さんたちが宇津木式スキンケア法を始めると、肌のキメが少しずつ整い、色が均一になって、乾燥も改善され、肌がふっくらしてくるのが、マイクロスコープをのぞくと、はっきりみてとれます。ふつうは、ゆるやかなカーブを描きながら美しくなっていくのですが、ときに、肌が急におどろくほどきれいになるケースがあります。そのほとんどが、シャンプーをやめた人たちなのです。

シャンプーとトリートメントはセットで使われるのが一般的ですから、シャンプーを断つと、トリートメントもやめることになります。シャンプー以上に害があるのが、トリートメントです。トリートメントのケア効果を期待して、しっかりすすぐことなく、さっとゆすいでおしまいにしている人が少なくないからです。

そのため、トリートメントに含まれる界面活性剤や化学物質が大量に髪に残ってしまい、それらが、顔に流れてきて肌も傷めることになります。

シャンプーもトリートメントもやめれば、それらに含まれる界面活性剤などにいっさいさらされることがなくなるのですから、肌が一気に美しくなるのも当然です。

毎日、長年使いつづけることによるシャンプーとトリートメントの毒性も問題ですが、それ以上に、界面活性剤は細胞間脂質を溶かして、角層を破壊していくことが問題です。

シャンプーもトリートメントもやめると、髪も太く、丈夫になります。

髪が生えている「畑」が頭皮。顔などの皮膚と基本的な構造は同じですから、シャンプーやトリートメントに含まれる界面活性剤が浸《し》みこめば、頭皮はカラカラに乾燥して、頭皮自体が薄くなります。そのような「畑」からはほそくて、コシのないうぶ毛のような頼りない毛しか生えなくなり、薄毛が進行することになるのです。

それ以上に大きいのが、皮脂腺の問題です。強い洗浄力を持つシャンプーは皮脂を根こそぎとります。毎日のシャンプーで皮脂を根こそぎとりつづけると、うばわれた皮脂を補おうと、皮脂腺が発達します。

皮脂腺は毛に付随しているので、皮脂腺が発達すると、大量の皮脂をつくるために、毛根にいくべき栄養の多くが皮脂腺に横取りされてしまい、毛根は栄養不足におちいります。毛根がそのような状態では、髪が太く、長く、丈夫に育つことなど不可能で、薄毛への道をひた走ることになります。

水洗髪だけでは、汚れが落ちなくて、におったり、ベタついたりするはずだ、と思うかもしれませんが、不快なニオイの原因は、皮脂が酸化してできる過酸化物や、イオウ化合物（頭皮をはじめ皮膚からも少量、排出されています）、汗などで、これらは34度以下のぬるま水で洗いながせます。

また、皮脂をとりすぎないと、皮脂の分泌量も減りますので、それに伴い3か月もすれば、ベタつきもなくなり、体臭もほとんど気にならなくなります。

私自身、7～8年まえからシャンプーもトリートメントもいっさい使っていません。髪が増え、加齢臭を妻から指摘されることもなくなり、ベタつきなどとはいまや無縁の快適至極の日々を送っています。

美肌をめざすなら、カラーリングはやめる

シャンプーやトリートメントと同様に、頭皮にも、そして肌にも害をもたらすのが、ヘアダイです。ヘアダイをした直後の肌をマイクロスコープでみると、毛穴という毛穴が炎症を起こして真っ赤になり、角質細胞があちこちでめくれあがって、まるで砂漠のようにガサガサになっています。

ヘアダイをして頭皮にアレルギー反応を起こさない人はめったにいません。人によっては気づかないかもしれませんが、そういう人たちでもほとんどがアレルギー

を起こしていると考えて、まず間違いありません。

それほどヘアダイの染料に含まれる化学物質は強烈です。この強烈な成分が、ヘアダイをしたあと2か月間ほどは頭皮や髪にとどまっています。その間、髪を洗うたびに、それらの成分が顔や体に落ちつづけ、肌を傷めつづけます。

ヘアダイは発ガン性もとりざたされています。肌だけでなく、髪や頭皮のためにも、そして、全身の健康のためにも、ヘアダイはしないに越したことはありません。

とくにアトピーのある人は即刻やめるべきですし、花粉症の人は、せめて花粉の飛ぶ時期だけでも染めないでいただきたいと思います。この時期は、花粉によってただでさえ肌が炎症を起こして、敏感になっていますので。

とはいえ、白髪は気になるでしょう。

とくに、30代で若白髪などということになれば、染めざるをえないかもしれません。それならせめて、ヘアダイよりもはるかに害の少ないヘアマニキュアにかえることをおすすめします。ヘアマニキュアもヘナもアレルギーを起こさないわけではありませんし、毒性もありますが、自分に合うものを選んで使えば、ヘアダイより害は少ないと思います。

枕をかえれば、シミが消える!?

ひとくちにシミといっても、いくつかの種類があります。紫外線が原因といわれているのが、「日光性色素斑《はん》」です。同じものが老人の皮膚にできれば、「老人性色素斑」とよばれ、いずれも、ほおやこめかみなどにでき、大きさは直径1～2㎝ほど。皮膚の表面には変化がなく、薄い表皮の中にメラニンが溜《た》まっているだけなので、色は茶色に見えます。

「肝斑《かんぱん》」という種類もあります。たんに肝臓に色や形が似ていることから、この名がついたといわれ、肝臓の病気とは無関係です。

日光性色素斑が茶色なのに対して、肝斑は薄紫色から灰褐色で、まぶたやひたい、口のまわり、頬頂部（ほお骨の高いところ）など広い範囲に左右対称にできるのが、日光性色素斑と異なる点です。年配の女性に多くみられますが、早い人では20代半ばくらいから現れます。

どちらのタイプも、原因は紫外線や化粧品、こする刺激のほか、妊娠をきっかけにできる人も多いことから、女性ホルモンなどが誘因となって炎症や浮腫《ふしゅ》（むくみ）が続くと発症してくるようです。

ただし、ほおの高い部分の横あたりにできる日光性色素斑は、「枕ジミ」、つまり、枕にこすれて炎症が起きてできたものが多いと私は考えています——。

シミが左右どちらかにできている場合は、できている側を下にして寝る傾向がみられます。私は、患者さんに、シミのある側を指し示して、「こちらを下にして寝ていることが多くないですか?」とたずねます。すると7割くらいの確率であたります。

日光性色素斑は紫外線の刺激でできると考える人が多いのですが、たしかに、車をよく運転する人で、運転席の窓側のほおにシミができやすい傾向もときどきみられますが、それほど多くはありません。

また、紫外線がよくあたるのは鼻や、ほおのやや前寄りとか、ひたいだと思われますが、日光性色素斑がよくできる部位は、それらの位置よりも少し横にずれた、耳に近いほうです。めったに紫外線にあたらないという人でもこの位置にシミができます。

以上のことを考えると、紫外線よりもむしろ枕にこすりつけることが原因であると推測されます。

私たちは、睡眠中に何度も小刻みに枕に顔をこすりつけるような動きをしています。そのたびに枕がほお骨の高いところにこすれて、その部分に炎症が起きます。軽い炎症かもしれませんが、こすれては炎症を起こし、治ってはまたこすれて炎症を起こす、ということを毎晩くりかえすうちに炎症が慢性化して、シミになるのです。

ためしに、顔の動きを天井からビデオでひと晩中撮影し、それを早回しして30秒くらいで見ると、ものすごい勢いで顔を枕にすりつけていることがわかります。これは笑えるほどですが、皮膚への刺激を思うと怖いことでもあります。

睡眠中には顔を動かさないようにしましょう、といわれても、それは無理ですよね。それなら、せめて刺激がより少ない枕カバーにかえることをおすすめします。ざらざらしたタオルや、化繊の枕カバーを使っている人は、なるべく肌ざわりのやわらかい木綿の枕カバーにかえましょう。すでに木綿を使っている人は、ぜひ絹にかえてください。化繊よりは木綿のほうが、木綿よりも絹のほうが肌への刺激が少なくてすみます。

着なくなった古いシルクの衣服があれば、それで枕を包むだけでも肌にやさしく、シミも少なくなります。

ふかふかで頭が沈みこむような枕はほおがこすれやすいので、かためのものか、薄い枕にかえましょう。

首のシワは「正しい姿勢」で防ぐ

年齢は首に現れる、といわれます。でも、だからといって、ネッククリームなどでケアをしては逆効果です。こする害、界面活性剤の害などによって、肌を乾燥させて老化を早めてしまいます。何もつけない宇津木式スキンケア法の考え方は首の肌にも当然、有効です。

化粧水や乳液やクリームなどを顔にのばしたついでに、首にもつけるといった習慣とも縁を切り、そのうえで、姿勢を正して首の皮膚を伸ばしておくクセをつけましょう。

亀のように首を両肩の間で縮ませていたり、いつもうつむき加減だったり、あるいは仕事で下を向きっぱなしだったりすると、首の前面の肌がつねに折り曲げられた状態になるので、深い横ジワがたくさん刻まれてしまいます。

首が前のめりになっていれば、首の皮膚が前方へ必要以上に伸びてしまうために、縦方向のひだ状のたるみが強調され、小ジワの原因にもなります。

首を正しく伸ばすためには、背筋を伸ばして胸を張り、耳が両肩を結んだ線上にくるようにします。いつもその姿勢でいるのがむずかしいというなら、まずは、食事のときや、テレビをみるときだけでも、正しい姿勢を保つようにして、徐々に時間を延ばしていきましょう。

また、ふだん使っているパソコンのモニターやテレビの位置が低すぎると、あごが首に引きつけられて、首を前に曲げることになり、深い横ジワをつくることになります。パソコンの下に台を置くなどして、画面を目の高さくらいにすれば、いやでも背筋が伸びて姿勢がよくなり、首も正しい位置に維持できます。

長時間、デスクワークなどをする場合には、最低でも1時間に1回は首のストレッチをしましょう。ゆっくりと首をまわしたり、うしろや横へ頭を傾けたりすることで、首の縮んだ靭帯《じんたい》や筋肉を伸ばし、姿勢を正しくするのです。

ただし、首に無理な力をかけないようにしてください。一時的に強くストレッチしても、伸ばされた靭帯や筋は、その後、かえって縮んでしまって逆効果になります。張りや、凝り、そして心地よい痛みを感じる程度に、軽く伸ばすことです。

高い枕は首の前面の皮膚を折り曲げて、わざわざシワを刻み、深くしているようなもの。1日の3分の1をそのような姿勢ですごせば、首に折りジワができないほうがふしぎです。ぜひ低めの枕にかえてください。

せっけんをやめるのが、いちばんのボディケア

体もせっけんを使わないで、ぬるま水だけでさっと洗うだけにすれば、肌はかならずふっくら、すべすべになります。

体の肌がひどく乾燥して、強いかゆみが出るのが、乾皮症といわれる症状で、高齢者によくみられます。乾皮症の患者さんには、ふつうステロイド剤が処方されますが、私はたいてい、せっけんをやめるようにお願いします。それだけで患者さん

は治るか、症状が大幅に改善されます。

ステロイド剤をぬれば、すぐに症状は消えますが、せっけんをやめない限り、じきに再発するのです。

ボディソープや化粧せっけん、あるいは純せっけんはその強い洗浄力によって天然保湿因子や細胞間脂質といった自家保湿因子をとかしてバリア機能を低下させ、肌を乾燥させます。皮脂も汗もホコリも、また、不快なニオイの元となる過酸化物や硫化物も、34〜35度のぬるま水できれいに洗い流せるのですから、せっけんの類《たぐい》を使う必要がないのは、顔の場合と同じです。

ワキガが気になる人もいるかもしれません。けれど、わきの下を水で洗おうと、せっけんで洗おうと、洗った直後はほとんどにおいませんし、雑菌が繁殖して汗を分解し、においが発生するまでの時間にも差はありません。また、足も陰部も水でていねいに洗い流していれば、ニオイのもとは消えてなくなります。

角層の厚みはラップ2枚分ほど。シャワーの湯を勢いよくかけたら、壊されてしまいます。シャワーの水圧を上げすぎないこと。熱いお湯を勢いよくかけるのは最悪です。肌は間違いなく乾いてしまいます。

入浴後も、ボディクリームやボディローションなどの化粧品はいっさいつけないでください。化粧品が肌を傷めるのは、顔でも体でも同じです。

私もシャンプーをやめた7~8年ほどまえから、体もずっと水洗いのみです。以前は冬になると乾燥気味だった肌がいまは1年中すべすべ、心地よいことこのうえもなし、です。

ニキビ跡を残さないために皮膚科医で治療を

ニキビを防ぐには、なるべくせっけんを使わないで水だけで洗うのが長い目でみればいちばんよい対策です。皮脂や細胞間脂質を落としすぎないですむので、乾燥することもなく、皮脂腺がしだいに縮んでいき、ニキビもやがてできにくくなります。

とはいうものの、そうなるまでにニキビができることもあるかもしれません。その場合、ニキビ跡を最小限にとどめるために、なるべく初期の段階で皮膚科医を訪れ、内容物を押しだしてもらうことです。

ニキビの初期段階には、「白ニキビ」と「黒ニキビ」があります。肌の色に近い白っぽい小さなブツブツが白ニキビで、毛穴にたまった皮脂がふくらんで見えている状態です。毛穴の皮脂はやがて空気にふれて酸化して黒くなったり、毛穴にたまった皮脂の中に、出てこられない黒い毛の一部が透けてみえたりします。この状態が、黒ニキビです。

白ニキビにしても、黒ニキビにしても、たまった皮脂が出てこられなくて酸化して腐敗し、炎症が悪化すると、「赤ニキビ」になります。赤ニキビは、次々に分泌される皮脂がさらに毛穴にたまって大きくなり、ますます皮膚は赤く盛りあがって、ふれると痛みを感じるようになります。

そして、腐敗した皮脂を分解処理するために集まった白血球が膿《うみ》となってそこに加わり、最後には化膿《かのう》して黄色くなります。

赤ニキビも黄色く化膿したニキビも直径3～4㎜までは、目立つ跡を残さずに治りますが、それ以上になると、ニキビ跡が残る可能性がでてきますので、さっさと皮膚科を訪れ、腐った皮脂を排出（圧出）してもらいましょう。

皮膚科ではニキビの頂点に炭酸ガスレーザーで1～1・5㎜程度の小さな穴をあけ、そこから内容物を押しだしますが穴を開けるのは、針でも構いません。これをしておけば、5～7日でニキビは完治し、跡が残ることはまずありません。圧出はニキビの最も確実な治療法の一つです。

自然に吸収されるのを待ってもいいけれど、赤みが引くまで数週間かかります。その間に、悪化して直径5～6㎜に成長してしまうと、治るまでに1か月以上かかり、しかも、何らかのニキビ跡が残る可能性が50％ほどになります。直径7㎜以上になると、90％以上の確率で凹《へこ》みやニキビ跡が残ると思われます。

ニキビは薬で治すもの、排膿などしてはいけない、と考える皮膚科医もいるようですが、形成外科医としては、ニキビ跡はきわめて治しにくいので、小さなものでも見つけしだい、中身を押しだして速やかに治すか、大きくなるまえに予防するべきだと考えて、実行しています。

ニキビができたらすぐに圧出治療が受けられるように、「ニキビ救急専門外来」が必要だとすら、私は考えています。

黒っぽいクマは深呼吸で撃退する

目の下のクマには、色グマと影グマがあります。色グマについては2章ですでにふれました。紫外線や化粧品、アトピー性皮膚炎などの影響で増えたメラニンが、茶色っぽくみえるのが色グマです。色グマを防いだり改善するには、メラニンを増やさないこと、そして、皮膚を薄くしないことが肝心ですから、基礎化粧品を断つことが唯一最高のケア法といえます。

クマにはもうひとつ、赤黒い色をした影グマがあります。まぶたが薄くなり皮膚のすぐ裏側に張りつく眼輪筋の色か、または血液の色が透けてみえているものをいい、原因は、まぶたの皮膚が薄くなり、さらに血行不良や血液中の酸素不足が加わると悪化します（ちなみに、血液の酸素の量が多いと、下まぶたは赤紫色にみえます）。

血行不良だと、眼輪筋に十分な血液が循環できないので、眼輪筋は血の赤色が不足しますし、血液中の酸素が不足していれば、血液自体がどす黒い色になり、いずれも、薄い皮膚をとおして、黒っぽくみえてしまいます。なお、ひとくちに「黒っぽい」といっても、血行不良の場合は紫がかった灰色ですし、血液中の酸素が不足している場合はそれよりもダークな黒色になります。

影クマについても、皮膚をふっくらと厚くすることで、凹凸が改善されれば、より目立ちにくくなりますので、宇津木式スキンケア法を実践することが絶対条件になります。そのうえで、血行不良には、軽い運動や入浴、熱いタオルなどで血液循環を高めるのも効果的です。

いっぽう、血液中の酸素不足には、深呼吸がおすすめ。深く呼吸することで、血液に酸素をたっぷりととりこめば、血液がきれいな赤色にかわります。

まず、ゆっくりと肺の空気をすべて吐きだし、次に、ゆっくり息を吸いこんで5秒間ほど息を止めてからゆっくり腹筋に力を入れながら、口から吐きだします。この5秒間は、肺のすみずみまで酸素をたっぷりといきわたらせるための時間です。

血行不良や酸素不足に陥る要因としては、貧血、疲労や緊張、ストレス、冷え、睡眠不足、目の酷使などが挙げられます。目の下の黒っぽいクマを改善するには、バランスのとれた食事や十分な休養、適度な運動を心がけるなど、生活全般を見直すことが大切です。

また、クレンジングや、アイクリームなどのアイケア化粧品で目元をケアしている人は即刻やめるべきです。ケアを段階的にやめるつもりの人も、クレンジングとこれらのアイケア用の化粧品は真っ先に廃棄してください。

アイクリームなどには血行改善や促進の成分などが入っているかもしれませんが、それ以上に皮膚を薄くするという弊害があるので、遅かれ早かれ、クマをさらに目立たせ、悪化させてしまいます。しかも、アイクリームをつけるときに皮膚をこする刺激によってメラニンを増やしますので、目の下は、黒、紫、赤、灰色の部分が見える複雑な色のクマで彩られることになります。

なお、色グマだけ、影グマだけ、というのはむしろ少なくて、大半は両方ともある混合型ですので、右のすべての注意を守ることをおすすめします。

深いシワも、たるみも眼瞼下垂が引き金

眼瞼下垂《がんけんかすい》という言葉を聞いたことがあるかもしれません。

眼瞼下垂とは、まぶたを上げる眼瞼挙筋という筋肉が衰えたり、筋に続く腱《けん》が伸びたり切れたりすることで、まぶたが垂れてきたり、目が開きにくくなる病気です。30代後半から誰にでもみられる症状で、歳をとると、目が小さくなる人が多いのは、眼瞼下垂によってまぶたが目にかぶさってしまうためです。

眼瞼下垂になると、たるみや深いシワが急速に悪化して顔の相まで変えるなど、老け顔をつくる最大の要因となります。そのメカニズムを簡単に説明すると、次の

ようになります――。

眼瞼挙筋が衰えてくると、目が開けにくくなるので、ひたいの筋肉を使って眉《まゆ》を持ちあげて、まぶたを開けるサポートをしようとします。そうなると、目を使っている間中、無意識に眉を頻繁に上下に動かすことになるため、眉を骨に留《とど》めている貝柱のような靭帯がゆるんできて、眉と、ひたいの皮膚全体が下がってきて、まぶたの上にのしかかります。

この状態ではますます目が開けにくく、うっとうしいので、さらに強い力で眉を持ちあげなくてはならなくなります。この状態を続けているうちに、眉の靭帯はさらにゆるんで、ひたいとこめかみが一体となって下がってきて、ほおの上を、漬け物石を載せたように圧迫するようになります。

このとき、ひたい、目尻、鼻根部に、深いシワもできてしまいます。これが顔全体のたるみの始まりです。眼瞼下垂こそ、顔の老化開始の引き金なのです。

さらに、ほおの上部から下まぶたにかけて脂肪の塊がありますので、こめかみの皮膚が下がってくると、脂肪の塊は押されて下へ移動します。ところが、ほお骨の中央には靭帯があるので、落ちてきた脂肪の塊はそこで食いとめられ、その結果、目頭の下からほおにかけて斜めに深い溝ができてしまうのです。これがゴルゴラインとよばれる溝で、劇画『ゴルゴ13』の主人公の顔に刻まれていたことから、この名で呼ばれています。

その下垂した脂肪は、さらにその下の別な脂肪の塊の上にのしかかり、下へ押しさげますが、今度は、小鼻から口角にかけてある口腔《こうこう》内粘膜と靭帯に堰《せ》き止められて、やはり深い溝が刻まれます。これがほうれい線です。

そして、3番目のもっとも大きな脂肪の塊が、ほおの裏の、先のふたつの脂肪の塊よりも深いところにあります。先のふたつの塊が下がってくることで、3番目はそれらに絞りだされるように下がってきます。こうして、ブルドッグのようなほおができます。同時に、口角からあごにかけて、ちょうど腹話術の人形の口元のようなシワ、マリオネットラインが刻まれるのです。

このように、皮膚がたるみ、ゴルゴラインやほうれい線、マリオネットラインといった深い大ジワが刻まれて、ブルドッグのようにほおが垂れてしまうすべての始まりが、眼瞼下垂なのです。

したがって、これら、脂肪の塊の下がる連鎖反応を食いとめ、若々しい顔を少しでも長く保ちたければ、眼瞼下垂の進行を遅らせることが重要です。そのためには、目をこまめに休めて、まぶたの疲れをとることです。

長時間、書類を読んだり、パソコンの画面をみつめつづけたりしていると、目の筋肉が疲れて、眼瞼下垂が現れるのを早め、また、悪化させます。少なくとも1時間に1度、数分間は目をつぶりましょう。

そのさい、まぶたをこすったり、強く押したり、目を強く閉じたりしないこと。眼瞼下垂を悪化させる可能性があります。

ゴルゴラインやほうれい線、マリオネットラインなどを多少とも改善するためのケア法として、「ピンチケア」があります。親指と人差し指で、シワが消える程度に表面をごくそっと30秒間ほどつまみます。これを数回くりかえしてください。

何回も折り曲げられているうちに、その部分が溝として定着したのがシワ。折れ曲がった部分をつまんで、そっと持ちあげることで、ほんの少しもとに戻るのがわかると思います。強くつままず、軽くつまむのがコツです。

患者さんたちにお教えすると、「先生、あれはけっこう効いているみたいな気がします」などと、なかなか好評ですが、やり過ぎるとかえって悪化します。

うつ病の原因にもなる眼瞼下垂

眼瞼下垂は老け顔をつくるだけでなく、頭痛や肩こり、不眠、疲労、そして、うつ病の原因にもなることがわかってきました。眼瞼下垂の症状がでてきてしまったら、美容のためにも、健康のためにも、速やかに眼瞼下垂を治す手術を受けることをおすすめします。1～2時間ほどの簡単な手術で治すことができます。早期に手術をするほど、表情の不自然さがでません。

私のクリニックで眼瞼下垂の手術を受ける患者さんの多くは、目の開きにくさや、頭痛や肩こりなどを治したいといった、美容以外の理由からです。都道府県などによって異なりますが、正面をふつうにみたときに、まぶたが瞳にかかってくるほど、まぶたが下がっている場合は、健康保険が利くと思います。頭痛や肩こり、うつ病などの症状だけで、まぶたのたるみがない場合は健康保険の適応になりません。

眼瞼下垂手術は眉毛の下垂や、皮膚のたるみなどがそれほど重症でないうちなら、見た目も若々しくきれいになりますが、重症になると、術後に目の印象が怖くなったりする可能性が高くなり、満足度が低くなる傾向がみられます。

まぶたがかぶさってきて、うっとうしくてしようがないという人は、手術しか治療方法はありませんから、早めに専門のクリニックで相談してください。

宇津木 龍一（うつぎ　りゅういち）
北里大学医学部卒業。日本で最初のアンチエイジング専門施設・北里研究所病院美容医学センターを創設。センター長を務める。日本では数少ないアンチエイジング治療専門の美容形成外科医。現在はクリニック宇津木流の院長として、シミ・しわ・たるみなど老化の予防と治療に従事している。著書に『「肌」の悩みがすべて消えるたった１つの方法』（青春出版社）、『シャンプーをやめると、髪が増える』（角川書店）がある。
クリニック宇津木流
質問・ご意見：info@clinic-utsugiryu.jp
宇津木流スキンケア情報：kime-kime.com

宇津木式《うつぎしき》スキンケア事典《じてん》
化粧品をやめると、肌はよみがえる

2014年３月31日　初版発行

著者／宇津木《うつぎ》 龍一《りゅういち》

発行者／山下直久

発行所／株式会社KADOKAWA
東京都千代田区富士見2-13-3　〒102-8177
電話　03-3238-8521（営業）
http://www.kadokawa.co.jp/

編集／角川書店
東京都千代田区富士見1-8-19　〒102-8078
電話　03-3238-8555（編集部）

印刷所／図書印刷株式会社

製本所／図書印刷株式会社

ISBN 978-4-04-110663-1　C2077